现代会计学精品系列教材

旅游餐饮服务企业会计
习题解答与测试题及解答

丁元霖　主编

清 华 大 学 出 版 社
北京交通大学出版社
·北京·

内 容 简 介

本书是根据清华大学出版社和北京交通大学出版社联合出版的《旅游餐饮服务企业会计》（第 4 版）中所附的思考题和实务题而编写的。

本书内容包括旅游餐饮服务企业的旅游经营业务、餐饮经营业务及客房、美容、广告、沐浴、洗染、照相、修理、娱乐经营业务核算的习题解答，以及这些企业的货币资金和结算业务，存货、固定资产、无形资产和长期待摊费用业务，金融资产、长期股权投资、负债和所有者权益业务，期间费用、政府补助、税金和利润业务的核算以及财务报表的编制、分析，前期差错及更正的习题解答，最后配有两套测试题与解答。

图书在版编目(CIP)数据

旅游餐饮服务企业会计习题解答与测试题及解答/丁元霖主编．--北京 ：北京交通大学出版社 ：清华大学出版社，2025. 6 --ISBN 978-7-5121-5517-6

Ⅰ. F590. 66；F719

中国国家版本馆 CIP 数据核字第 20253QT648 号

旅游餐饮服务企业会计习题解答与测试题及解答
LÜYOU CANYIN FUWU QIYE KUAIJI XITI JIEDA YU CESHITI JI JIEDA

责任编辑：郭东青
出版发行：清 华 大 学 出 版 社　　邮编：100084　　电话：010-62776969
　　　　　北京交通大学出版社　　邮编：100044　　电话：010-51686414
印 刷 者：北京华宇信诺印刷有限公司
经　　销：全国新华书店
开　　本：185 mm×260 mm　　印张：6　　字数：157 千字
版　　次：2025 年 6 月第 1 版　　2025 年 6 月第 1 次印刷
印　　数：1~500 册　　定价：29. 00 元

本书如有质量问题，请向北京交通大学出版社质监组反映。对您的意见和批评，我们表示欢迎和感谢。
投诉电话：010-51686043，51686008；传真：010-62225406；E-mail：press@ bjtu. edu. cn。

前　言

为了满足教师教学和学员学习的需要，我们按照旅游餐饮服务企业会计的教学要求编写了本书。本书是在清华大学出版社和北京交通大学出版社联合出版的《旅游餐饮服务企业会计》（第 4 版）中所附的思考题和实务题的基础上编写、完善而成的。

本书习题解答部分的题型分为思考题和实务题。思考题又分为是非题、单项选择题和多项选择题。实务题又分为分录题、计算题和编表题。除了习题解答部分，本书还包括测试题及解答部分。这样安排既有利于教师根据不同层次教学进程的需要选用，又有利于学员加深理解、巩固和融会贯通，且便于学员自测。

通过这些习题练习，可以使学员较好地掌握旅游餐饮服务企业会计的理论知识和核算方法，有利于学员进行基本技能训练，培养和提高学员的动手能力和分析问题、解决问题的能力。

本书由丁元霖、刘芳源编写，并由丁元霖担任主编并定稿。

由于水平有限，缺点错误在所难免，恳请广大读者批评指正。

编　者

2024 年 12 月

目　　录

习题解答

测试题及解答

习　题　解　答

第一章　总　　论

一、简答题

略。

二、名词解释题

略。

三、是非题

1. √　2. ×　3. ×　4. √　5. ×

四、单项选择题

1. C　2. D　3. B

五、多项选择题

1. AD　2. ACD　3. ABD　4. ABC

第二章　货币资金和结算业务

一、简答题

略。

二、名词解释题

略。

三、是非题

1. × 2. × 3. √ 4. × 5. × 6. √ 7. × 8. √ 9. ×

四、单项选择题

1. A 2. B 3. D 4. D 5. A 6. B

五、多项选择题

1. ABCD 2. ACD 3. ABD 4. AB 5. ABD

六、实务题

习题一　练习货币资金的核算

会计分录

单位：元

2024年 月	日	凭证号数	摘要	科目及子细目	借方金额	贷方金额
1	2	1	提取现金	库存现金 　　银行存款	2 000.00	 2 000.00
	2	2	拨付备用金	备用金——业务部门 备用金——总务部门 　　库存现金	1 000.00 1 000.00	 2 000.00
	8	3	业务部门报账	销售费用——差旅费 管理费用——业务招待费 管理费用——其他费用 　　库存现金	180.00 450.00 210.00	 840.00
	10	4	总务部门报账	管理费用——公司经费 管理费用——修理费 　　库存现金	706.00 180.00	 886.00

习题二　练习票据和信用卡结算的核算

会计分录

2024年 月	日	凭证号数	摘　要	科目及子细目	借方金额	贷方金额
3	1	1	购进大米	在途物资——大米 　银行存款	5 400.00	 5 400.00
	3	2	提供客房服务收入	银行存款 　主营业务收入——房费	3 780.00	 3 780.00
	5	3	提取现金	库存现金 　银行存款	1 200.00	 1 200.00
	8	4	申请银行汇票	其他货币资金——银行汇票 　银行存款	180 000.00	 180 000.00
	10	5	购进大客车	固定资产 　其他货币资金——银行汇票	175 000.00	 175 000.00
	12	6	收到银行汇票使用后的余款	银行存款 　其他货币资金——银行汇票	5 000.00	 5 000.00
	14	7	购进各种工艺品	在途物资——工艺品 　应付票据——面值——安远工艺品公司	27 000.00	 27 000.00
	15	8	提供客房和会议室收入	应收票据——面值——黄兴公司 　主营业务收入——房费	17 100.00	 17 100.00
	18	9	存入信用卡备用金	其他货币资金——信用卡存款 财务费用 　银行存款	15 000.00 40.00	 15 040.00
	20	10	购进猪肉	在途物资——猪肉 　其他货币资金——信用卡存款	7 600.00	 7 600.00
	22	11	兑付商业汇票款	应付票据——面值——东风公司 应付票据——利息——东风公司 财务费用——利息支出 　银行存款	15 000.00 72.00 63.00	 15 135.00
	24	12	将上月收到的不带息商业汇票申请贴现	银行存款 财务费用——利息支出 　应收票据——面值	17 773.20 226.80	 18 000.00
	26	13	信用卡结算客房服务收入	银行存款 财务费用——手续费 　主营业务收入——房费	6 540.60 59.40	 6 600.00
	28	14	将上月收到的带息商业汇票申请贴现	银行存款 财务费用——利息支出 　应收票据	19 071.83 128.17	 19 200.00
	31	15	计提已签发的带息商业汇票利息	财务费用——利息支出 　应付票据——利息——安远工艺品公司	91.80	 91.80
	31	16	计提收到带息商业汇票利息	应收票据——利息——黄兴公司 　财务费用——利息支出	54.72	 54.72

习题三　练习转账结算的核算

会计分录

2024年 月	日	凭证号数	摘要	科目及子细目	借方金额	贷方金额
6	2	1	函购小汽车	应付账款——上海汽车厂 　　银行存款	200 000. 00	 200 000. 00
	5	2	电汇开立采购专户	其他货币资金——外埠存款 　　银行存款	25 000. 00	 25 000. 00
	8	3	购进海鲜	在途物资——海鲜 　　其他货币资金——外埠存款	22 920. 00	 22 920. 00
	10	4	转来信汇收账通知	银行存款 　　应收账款——中原公司	3 600. 00	 3 600. 00
	12	5	结清采购专户，余款退回银行	银行存款 　　其他货币资金——外埠存款	2 080. 00	 2 080. 00
	15	6	收到函购小汽车发票，余款汇回存入银行	固定资产 银行存款 　　应付账款	196 800. 00 3 200. 00	 200 000. 00
	20	7	结清客户预订和会议室收入	应收账款——中原公司 库存现金 　　主营业务收入——房费	3600. 00 150. 00	 3 750. 00
	25	8	购进鱼翅	在途物资——鱼翅 　　银行存款	18 800. 00	 18 800. 00
	28	9	支付本月自来水费	销售费用 管理费用 　　银行存款	1 000. 00 200. 00	 1 200. 00

习题四　练习编制银行存款余额调节表

银行存款余额调节表

2024 年 4 月 30 日　　　　单位：元

项　目	金　额	项　目	金　额
银行存款日记账余额	135 260	银行对账单余额	11 7030
加：银行已收账，而企业尚未收账数		加：企业已收账，而银行尚未收账数： 转账支票#66294（收到客房款）	 18 840
减：银行已付账，而企业尚未付账数： 短期借款计息单 委托收款（水费）	 5 670 840	减：企业已付款，而银行尚未付款数： 转账支票#33423（支付材料款）	 7 120
调节后余额	128 750	调节后余额	128 750

习题五　练习外币业务的核算

会计分录

2024年 月	日	凭证号数	摘　　要	科目及子细目	借方金额	贷方金额
1	5	1	进口音响设备一套	固定资产	58 410.00	
				银行存款——美元户（9 000×6.49）		58 410.00
	12	2	收到旅行社付来旅游账款	银行存款——美元户（28 000×6.49）	181 720.00	
				主营业务收入		181 720.00
	15	3	提现备发工资	库存现金——美元户（9 200×6.50）	59 800.00	
				银行存款——美元户（9 200×6.50）		59 800.00
	20	4	美元兑换人民币存入银行	银行存款——人民币户（4 500×6.48）	29 160.00	
				财务费用——汇兑损失	90.00	
				银行存款——美元户（4 500×6.50）		29 250.00
	26	5	收到前欠账款	银行存款——美元户（8 000×6.50）	52 000.00	
				应收账款——亨特公司		52 000.00
	31	6	调整本月银行存款——美元户余额	银行存款——美元户	100.00	
				财务费用——汇兑损失		100.00

银行存款-美元户

2024年 月	日	凭证号数	摘　　要	借方 外币	借方 汇率	借方 人民币	贷方 外币	贷方 汇率	贷方 人民币	余额 外币	余额 汇率	余额 人民币
1	1		上年结转							18 000	6.50	117 000
	5	1	支付音响设备款				9 000	6.49	58 410	9 000		58 590
	12	2	收到旅游业务款	28 000	6.49	181 720				37 000		240 310
	15	3	提现				9 200	6.50	59 800	27 800		180 510
	20	4	兑换人民币				4 500	6.48	29 160	23 300		151 350
	26	5	收到前欠账款	8 000	6.50	52 000				31 300		203 350
	31	6	月末汇率调整			100				31 300	6.50	203 450
1	31		本月合计	36 000		233 820	22 700		147 370	31 300	6.50	203 450

第三章　存　　货

一、简答题

略。

二、名词解释题

略。

三、是非题

1. ×　2. ×　3. √　4. ×　5. √　6. √

四、单项选择题

1. B　2. C　3. A　4. C

五、多项选择题

1. ABD　2. ABCD　3. ACD　4. CD　5. ABC

六、实务题

习题一　练习原料及主要材料的核算

会计分录

2024年 月	日	凭证号数	摘要	科目及子细目	借方金额	贷方金额
6	2	1	承付海参货款、增值税及运费	在途物资——海参 应交税费——应交增值税——进项税额 银行存款	30 080.00 2 707.20	 32 787.20
	5	2	购入海参验收入库	原材料——原材料及主要材料——干货类 在途物资——海参	30 080.00	 30 080.00
	8	3	购进粳米和精白面粉已验收入库，账款尚未支付	原材料——原料及主要材料——粮食类 应交税费——应交增值税——进项税额 应付账款——冠农粮油公司	5 600.00 504.00	 6 104.00
	12	4	购进牛肉，已直接验收领用	主营业务成本 应交税费——应交增值税——进项税额 银行存款	1 800.00 162.00	 1 962.00
	18	5	购进黑木耳，已验收入库	原材料——原料及主要材料——干货类 应交税费——应交增值税——进项税额 银行存款	2 100.00 189.00	 2 289.00
	25	6-1	仓库送来盘点海参和精白面粉短缺报告单，原因待查	待处理财产损溢——待处理流动资产损溢 原材料——原料及主要材料——干货类 原材料——原料及主要材料——粮食类	416.00	 376.00 40.00

续表

2024年 月	日	凭证号数	摘要	科目及子细目	借方金额	贷方金额
6	25	6-2	仓库送来盘点粳米溢余报告单，原因待查	原材料——原料及主要材料——粮食类 待处理财产损溢——待处理流动资产损溢	24.00	 24.00
	26	7-1	短缺的精白面粉系发料过程差错，予以核销	营业外支出——盘亏损失 待处理财产损溢——待处理流动资产损溢	40.00	 40.00
		7-2	溢余的粳米系发料过程差错，予以核销	待处理财产损溢——待处理流动资产损溢 营业外收入——盘盈利得	24.00	 24.00
	28	8	短缺的海参经批准100元核销转账，其余部分责成保管员赔偿	营业外支出——盘亏损失 其他应收款——保管员 待处理财产损溢——待处理流动资产损溢	100.00 276.00	 376.00
	30	9	领用粮食类和干货类材料	主营业务成本——餐饮业务 原材料——原料及主要材料——粮食类 原材料——原料及主要材料——干货类	26 640.00	 4 980.00 21 660.00

1. 先进先出法

原料及主要材料明细分类账

原料及主要材料名称：精白面粉　　编号：102　　计量单位：千克　　金额单位：元

2024年		凭证号数	摘要	收入			发出			结存		
月	日			数量	单价	金额	数量	单价	金额	数量	单价	金额
6	1		期初结存							900	4.00	3 600.00
	4		领用				300	4.00	1 200.00	600	4.00	2 400.00
	10		领用				400	4.00	1 600.00	200	4.00	800.00
	14		购进	1 200	4.05	4 860.00				1 400	200×4.00 1 200×4.05	5 660.00
	16		领用				200 250	4.00 4.05	800.00 1 012.50	950	4.05	3 847.50
	20		领用				350	4.05	1 417.50	600	4.05	2 430.00
	25		购进	1 000	4.10	4 100.00				1 600	600×4.05 1 000×4.10	6 530.00
	27		领用				400	4.05	1 620.00	1 200	200×4.05 1 000×4.10	4 910.00
	28		盘亏				5	4.05	20.25	1 195	195×4.05 1 000×4.10	4 889.75
6	30		本月合计	2 200		8 960.00	1 905		7 670.25	1 195		4 889.75

2. 移动加权平均法

原料及主要材料明细分类账

原料及主要材料名称：精白面粉　　编号：102　　计量单位：千克　　金额单位：元

2024年		凭证号数	摘要	收入			发出			结存		
月	日			数量	单价	金额	数量	单价	金额	数量	单价	金额
6	1		期初结存							900	4.00	3 600.00
	4		领用				300	4.00	1 200	600	4.00	2 400.00

续表

2024年		凭证号数	摘要	收入			发出			结存		
月	日			数量	单价	金额	数量	单价	金额	数量	单价	金额
6	10		领用				400	4.00	1 600.00	200	4.00	800.00
	14		购进	1 200	4.05	4 860.00				1 400	4.042 9	5 660.00
	16		领用				450	4.042 9	1 819.31	950	4.042 9	3 840.69
	20		领用				350	4.042 9	1 415.02	600	4.042 9	2 425.67
	25		购进	1 000	4.10	4 100.00				1 600	4.078 6	6 525.67
	27		领用				400	4.078 5	1 631.40	1 200	4.078 6	4 894.27
	28		盘亏				5	4.078 5	20.39	1 195	4.078 6	4 873.88
6	30		本月合计	2 200		8 960.00	1 905		7 686.12	1 195	4.078 6	4 873.88

$$2\text{月}14\text{日加权平均单价}=\frac{800+4\ 860}{200+1\ 200}=4.042\ 9$$

$$2\text{月}25\text{日加权平均单价}=\frac{2\ 425.67+4\ 100}{600+1\ 000}=4.078\ 5$$

3. 综合加权平均法

原料及主要材料明细分类账

原料及主要材料名称：精白面粉　　编号：102　　计量单位：千克　　金额单位：元

2024年		凭证号数	摘要	收入			发出			结存		
月	日			数量	单价	金额	数量	单价	金额	数量	单价	金额
6	1		期初结存							900	4.00	3 600.00
	4		领用				300			600		
	10		领用				400			200		
	14		购进	1 200	4.05	4 860.00				1 400		
	16		领用				450			950		
	20		领用				350			600		
	25		购进	1 000	4.10	4 100.00				1 600		
	27		领用				400			1 200		
	28		盘亏				5	4.00	20.00	1 195		
	28		结转发出材料成本						7 698.22	1 195	4.051 7	4 841.78
6	30		本月合计	2 200		8 960.00	1 905		7 718.22	1 195	4.051 7	4 841.78

$$\text{加权平均单价}=\frac{3\ 600+8\ 960-20}{900+2\ 200-5}=4.051\ 7\ (\text{元})$$

期末结存精白面粉金额 = 1 195×4.051 7 = 4 841.78（元）

发出精白粉成本 = 3 600+8 960−20−4 841.78 = 7 698.22（元）

习题二　练习其他原材料的核算

会计分录

2024年 月	日	凭证号数	摘　　要	科目及子细目	借方金额	贷方金额
4	2	1	承付煤货款、增值税及运费	在途物资——煤 应交税费——应交增值税——进项税额 　　银行存款	5 050.00 646.50	 5 696.50
	5	2	购入煤验收入库	原材料——燃料 　　在途物资——煤	5 050.00	 5 050.00
	10	3	现金支付豆油货款，已验收入库	原材料——原料及主要材料——其他类 应交税费——应交增值税——进项税额 　　库存现金	400.00 52.00	 452.00
	15	4	厨房领用豆油和鸡精	主营业务成本 　　原材料——原料及主要材料——其他类	145.00	 145.00
	20	5	支票购进饭碗，已验收入库	原材料——物料用品 应交税费——应交增值税——进项税额 　　银行存款	2 300.00 299.00	 2 599.00
	25	6	支付洗衣粉和洗洁精账款，物品已验收入库	原材料——物料用品 应交税费——应交增值税——进项税额 　　库存现金	900.00 117.00	 1 017.00
	30	7	餐饮部门和行政管理部门耗用煤予以转账	主营业务成本 管理费用 　　原材料——燃料	3 030.00 505.00	 3 535.00
	30	8	总务部门交来耗用物料用品汇总表予以转账	销售费用——清洁卫生费 销售费用——洗涤费 销售费用——物料消耗 销售费用——其他销售费用 管理费用——公司经费 管理费用——修理费 　　原材料——物料用品	45.00 100.00 1 118.00 324.00 404.00 528.00	 2 519.00

习题三　练习低值易耗品的核算

会计分录

2024年 月	日	凭证号数	摘　　要	科目及子细目	借方金额	贷方金额
3	2	1	预付订购被套40%定金	预付账款——申光床上用品厂 　　银行存款	7 680.00	 7 680.00
	6	2	支票购进落地灯，已验收入库	低值易耗品——库存低值易耗品 应交税费——应交增值税——进项税额 　　银行存款	2 500.00 325.00	 2 825.00
	10	3-1	客房部领用落地灯	低值易耗品——在用低值易耗品 　　低值易耗品——库存低值易耗品	2 500.00	 2 500.00
		3-2	落地灯采用五五摊销法摊销	销售费用——低值易耗品摊销 　　低值易耗品——低值易耗品摊销	1 250.00	 1 250.00

续表

2024年		凭证号数	摘　　要	科目及子细目	借方金额	贷方金额
月	日					
3	15	4	购进热水瓶，已验收入库	低值易耗品——库存低值易耗品 应交税费——应交增值税——进项税额 银行存款	1 200.00 156.00	 1 356.00
	18	5	领用热水瓶采用一次摊销法摊销	销售费用——低值易耗品摊销 低值易耗品——库存低值易耗品	600.00	 600.00
	22	6	被套已验收入库，支付其余60%账款	低值易耗品——库存低值易耗品 应交税费——应交增值税——进项税额 预付账款——申光床上用品厂 银行存款	19 200.00 2 496.00	 7 680.00 14 016.00
	24	7-1	客房部领用入库的被套	低值易耗品——在用低值易耗品 低值易耗品——库存低值易耗品	9 600.00	 9 600.00
		7-2	被套五五摊销法摊销	销售费用——低值易耗品摊销 低值易耗品——低值易耗品摊销	4 800.00	 4 800.00
	25	8	支付客房部吸尘器修理费和行政管理部门打印机修理费	销售费用——修理费 管理费用——修理费 应交税费——应交增值税——进项税额 库存现金	300.00 200.00 62.00	 562.00
	26	9	客房部和行政管理部门各报废吸尘器1台，残料入库	低值易耗品——低值易耗品摊销 原材料 销售费用——低值易耗品摊销 管理费用——低值易耗品摊销 低值易耗品——在用低值易耗品	360.00 60.00 150.00 150.00	 720.00
	27	10	行政管理部门盘点发现短缺自行车	待处理财产损溢——待处理流动资产损溢 低值易耗品——低值易耗品摊销 低值易耗品——在用低值易耗品	125.00 125.00	 250.00
	29	11	出售客房部使用的旧落地灯	银行存款 销售费用——低值易耗品摊销 低值易耗品——低值易耗品摊销 低值易耗品——在用低值易耗品 应交税费——应交增值税——销项税额	678.00 1 080.00 480.00	 2 160.00 78.00
	31	12	盘点短缺自行车作为企业损失处理，予以转账	营业外支出——盘亏损失 待处理财产损溢——待处理流动资产损溢	125.00	 125.00

第四章　固定资产、无形资产和长期待摊费用

一、简答题

略。

二、名词解释题

略。

三、是非题

1. ×　2. ×　3. ×　4. √　5. ×　6. √　7. ×　8. ×　9. √

四、单项选择题

1. D　2. B　3. C　4. D　5. B

五、多项选择题

1. ABCD　2. BC　3. ACD　4. AD　5. ABD　6. ABD

六、实务题

习题一　练习固定资产取得的核算

会 计 分 录

2024 年		凭证号数	摘　　要	科目及子细目	借方金额	贷方金额
月	日					
6	5	1	购进复印机 1 台，已验收使用	固定资产——生产经营用固定资产 应交税费——应交增值税——进项税额 银行存款	14 200.00 1 838.00	 16 038.00
	11	2	购进中央空调 1 台，已验收入库	工程物资 应交税费——应交增值税——进项税额 银行存款	120 000.00 15 600.00	 135 600.00
	16	3	领取中央空调进行安装	在建工程——安装中央空调设备 工程物资	120 000.00	 120 000.00
	20	4	接受投入使用客房 1 幢	固定资产——生产经营用固定资产 实收资本	780 000.00	 780 000.00
	25	5	支付中央空调安装费	在建工程——安装中央空调设备 应交税费——应交增值税——进项税额 银行存款	3 000.00 390.00	 3 390.00
	26	6	中央空调安装完毕、已达预定可使用状态、并验收使用	固定资产——生产经营固定资产 在建工程——安装中央空调设备	123 000.00	 123 000.00
	30	7	收到外商捐赠设备 1 台，并支付运输费、手续费	固定资产——生产经营用固定资产 营业外收入 银行存款	60 960.00	 60 000.00 960.00

习题二 练习固定资产折旧的核算

（一）用年限平均法计算各项固定资产的折旧额。

固定资产折旧额计算表

固定资产名称	计量单位	数 量	原始价值	预计使用寿命/年	预计净残值率/%	月折旧额
客房	幢	1	956 000	40	4	1 912. 00
餐厅	间	1	180 000	40	4	360. 00
办公室	间	1	175 000	40	4	350. 00
小汽车	辆	1	120 000	8	5	1 187. 50
大客车	辆	1	180 000	5	5	2 850. 00
计算机	台	5	40 000	4	4	800. 00
合 计	—	—	1 651 000	—	—	7 459. 50

编制会计分录如下。

会计分录

2024 年		凭证号数	摘 要	科目及子细目	借方金额	贷方金额
月	日					
3	20	1	购入复印机 1 台	固定资产——生产经营用固定资产 应交税费——应交增值税——进项税额 银行存款	15 000. 00 1 950. 00	 16 950. 00
	31	2	计提本月固定资产折旧额	销售费用——折旧费 管理费用——折旧费 累计折旧	5 922. 00 1 537. 50	 7 459. 50
4	30	3	计提本月固定资产折旧额	销售费用——折旧费 管理费用——折旧费 累计折旧	5 922. 00 1 837. 50	 7 759. 50

（二）分别用双倍余额递减法和年数总和法计算大客车和复印机的年折旧额。

1. 用双倍余额递减法

大客车折旧额计算表 单位：元

年 次	年初固定资产净值	双倍直线折旧率	折旧额	累计折旧额	年末固定资产净值
1	180 000. 00	40%	72 000. 00	72 000. 00	108 000. 00
2	108 000. 00	40%	43 200. 00	115 200. 00	64 800. 00
3	64 800. 00	40%	25 920. 00	141 120. 00	38 880. 00
4	38 880. 00	—	14 940. 00	156 060. 00	23 940. 00
5	23 940. 00	—	14 940. 00	171 000. 00	9 000. 00

复印机折旧额计算表 单位：元

年 次	年初固定资产净值	双倍直线折旧率	折旧额	累计折旧额	年末固定资产净值
1	15 000. 00	50%	7 500. 00	7 500. 00	7 500. 00
2	7 500. 00	50%	3 750. 00	11 250. 00	3 750. 00

续表

年　次	年初固定资产净值	双倍直线折旧率	折旧额	累计折旧额	年末固定资产净值
3	3 750.00	—	1 575.00	12 825.00	2 175.00
4	2 175.00	—	1 575.00	14 400.00	600.00

2. 年数总和法

大客车折旧计算表　　单位：元

年　次	原始价值减预计净残值	尚可使用年数	折旧率	折旧额	累计折旧
1	171 000.00	5	5/15	57 000.00	57 000.00
2	171 000.00	4	4/15	45 600.00	102 600.00
3	171 000.00	3	3/15	34 200.00	136 800.00
4	171 000.00	2	2/15	22 800.00	159 600.00
5	171 000.00	1	1/15	11 400.00	171 000.00

复印机折旧计算表　　单位：元

年　次	原始价值减预计净残值	尚可使用年数	折旧率	折旧额	累计折旧
1	14 400.00	4	4/10	5 760.00	5 760.00
2	14 400.00	3	3/10	4 320.00	10 080.00
3	14 400.00	2	2/10	2 880.00	12 960.00
4	14 400.00	1	1/10	1 440.00	14 400.00

习题三　练习固定资产折旧和后续支出的核算

会计分录

2024年 月	2024年 日	凭证号数	摘　要	科目及子细目	借方金额	贷方金额
3	1	1	结转扩建餐厅账面价值	在建工程——扩建餐厅 累计折旧 　固定资产	400 000.00 200 000.00	 600 000.00
	15	2	支付扩建餐厅款	在建工程——扩建餐厅 应交税费——应交增值税——进项税额 　银行存款	260 000.00 23 400.00	 283 400.00
	25	3	餐厅已扩建完毕，达到预定可使用状态	固定资产——生产经营用固定资产 　在建工程——扩建餐厅	660 000.00	 660 000.00
	31	4	按分类折旧率计提本月固定资产折旧额	销售费用——折旧费 管理费用——折旧费 　累计折旧	12 543.33 3 473.39	 16 016.72
4	10	5	支付小汽车大修理费用	管理费用——修理费 应交税费——应交增值税——进项税额 　银行存款	17 200.00 2 236.00	 19 436.00
	20	6	支付音响设备的小修理费用	销售费用——修理费 应交税费——应交增值税——进项税额 　银行存款	1 200.00 156.00	 1 356.00
	30	7	按分类折旧率计提本月固定资产折旧额	销售费用——折旧费 管理费用——折旧费 　累计折旧	12 662.33 3 473.39	 16 135.72

习题四　练习固定资产处置、清查和减值的核算

会计分录

2023年 月	日	凭证号数	摘　要	科目及子细目	借方金额	贷方金额
12	2	1	经领导批准出售小汽车一辆	固定资产清理——出售小汽车	70 000.00	
				累计折旧	75 000.00	
				固定资产减值准备	5 000.00	
				固定资产		150 000.00
	5	2	出售小汽车收入	银行存款	72 320.00	
				固定资产清理——出售小汽车		64 000.00
				应交税费——应交增值税——销项税额		8 320.00
	6	3	将出售小汽车净损失转账	资产处置损益	6000.00	
				固定资产清理——出售小汽车		6 000.00
	10	4	经批准报废清理餐厅1幢予以转账	固定资产清理——清理餐厅	23 000.00	
				累计折旧	521 000.00	
				固定资产清理	6 000.00	
				固定资产		550 000.00
	15	5	支付餐厅清理费用	固定资产清理——清理餐厅	9 000.00	
				应交税费——应交增值税——进项税额	810.00	
				银行存款		9 810.00
	20	6	出售清理餐厅残料，收入存入银行	银行存款	14 125.00	
				固定资产清理——清理餐厅		12 500.00
				应交税费——应交增值税——销项税额		1 625.00
	22	7	将清理餐厅净损失转账	营业外支出——固定资产报废清理损失	19 500.00	
				固定资产清理——清理餐厅		19 500.00
	26	8-1	将房屋1幢拨付南兴饭店，予以转账	固定资产清理——房屋对外投资	471 000.00	
				累计折旧	240 000.00	
				固定资产减值准备	9 000.00	
				固定资产——生产经营用固定资产		720 000.00
		8-2	按投资合同约定的价值计量	长期股权投资	472 000.00	
				固定资产清理——房屋对外投资		471 000.00
				资产处置损益		1 000.00
	29	9	盘亏大客车1辆予以转账	待处理财产损溢——待处理固定资产损溢	9 000.00	
				累计折旧	145 000.00	
				固定资产减值准备	6 000.00	
				固定资产——不需用固定资产		160 000.00
	30	10	盘亏的大客车经批准核销转账	营业外支出——盘亏损失	9 000.00	
				待处理财产损溢——待处理固定资产损溢		9 000.00
	31	11	计提音响设备减值准备	资产减值损失——固定资产减值损失	1 100.00	
				固定资产减值准备		1 100.00

习题五　练习无形资产和长期待摊费用的核算

会计分录

2024年 月	日	凭证号数	摘　　要	科目及子细目	借方金额	贷方金额
4	30	1	分配专利开发人员工资及计提福利费	研发支出——费用化支出 应付职工薪酬——工资 应付职工薪酬——职工福利	5 700.00	 5 000.00 700.00
		2	结转研发支出	管理费用 研发支出——费用化支出	5 700.00	 5 700.00
5	2	3	专利进入开发阶段领用原材料	研发支出——资本化支出 原材料	7 200.00	 7 200.00
	10	4	支付参与开发专利的费用	研发支出——资本化支出 应交税费——应交增值税——进项税额 银行存款	42 200.00 2532.00	 44 732.00
	31	5	分配专利开发人员工资并计提职工福利费	研发支出——资本化支出 应付职工薪酬——工资 应付职工薪酬——职工福利	28 500.00	 25 000.00 3 500.00
6	1	6	支付专利权注册登记费、律师费	研发支出——资本化支出 银行存款	9 700.00	 9 700.00
	2	7	结转专利项目开发成本	无形资产——专利权 研发支出——资本化支出	87 600.00	 87 600.00
	15	8	支付咨询费、手续费和税额后取得土地使用权	无形资产——土地使用权 应交税费——应交增值税——进项税额 银行存款	736 800.00 65 808.00	 802 608.00
	20	9	接受华夏饭店的非专利技术投资	无形资产——非专利技术 实收资本	144 000.00	 144 000.00
	30	10	摊销本月应负担的专利权、土地使用权和非专利技术费用	管理费用——无形资产摊销 累计摊销	3 765.00	 3 765.00
7	10	11	将土地使用权出售给大华公司，收到全部款项存入银行	银行存款 累计摊销 应交税费——应交增值税——销项税额 无形资产——土地使用权 资产处置损益	540 000.00 180 000.00	 4 860.00 660 000.00 55 140.00
	15	12	将一项非专利技术向奉贤饭店投资	长期股权投资 累计摊销 无形资产 资产处置损益	120 000.00 36 000.00	 145 000.00 11 000.00
	30	13	专营权盈利能力下降，计提其减值准备	资产减值准备——无形资产减值损失 无形资产减值准备	5 000.00	 5 000.00
	31	14	支付租入房屋改建为餐厅的改建费用	长期待摊费用——租入固定资产改良支出 应交税费——应交增值税——进项税额 银行存款	108 000.00 9 720.00	 117 720.00
8	31	15	摊销应由本月负担的房屋的改建支出	销售费用——销售费用 长期待摊费用——租入固定资产改良支出	1 000.00	 1 000.00

第五章　旅游经营业务

一、简答题

略。

二、名词解释题

略。

三、是非题

1. ×　2. √　3. ×　4. ×　5. √　6. ×

四、单项选择题

1. C　2. B

五、多项选择题

1. AB　2. ABD

六、实务题

习题一　练习旅游企业经营业务收入的确认

按已提供的劳务占应提供劳务总量的比例，分别确认该旅游团应列入 2023 年和 2024 年的经营业务收入。

$$2023\text{ 年的经营业务收入}=\frac{726\,000}{12}\times 8=484\,000\text{（元）}$$

$$2024\text{ 年的经营业务收入}=\frac{726\,000}{12}\times 4=242\,000\text{（元）}$$

习题二　练习旅游企业经营业务收入的核算

（一）广州国际旅游公司。

会计分录

2023 年		凭证号数	摘　　要	科目及子细目	借方金额	贷方金额
月	日					
12	4	1	收取 22 人组成的 A1878 团去美国的旅游款，存入银行	银行存款 　　预收账款	587 400. 00	 587 400. 00
	15	2	收取 36 人组成的 B756 团去新疆旅游的旅游款，存入银行	银行存款 　　预收账款	324 000. 00	 324 000. 00

续表

2023 年		凭证号数	摘　　要	科目及子细目	借方金额	贷方金额
月	日					
12	18	3	B756 团 3 人因故要求退出旅游团，扣除手续费后，以现金退还剩余款项	预收账款 主营业务收入——其他收入 库存现金	27 000. 00	 2 700. 00 24 300. 00
	20	4	收取 20 人组成的 A1879 团去美国的旅游款，存入银行	银行存款 预收账款	534 000. 00	 534 000. 00
	25	5	A1878 旅游团返回确认已实现的经营业务收入	预收账款 主营业务收入——组团外联收入	587 400. 00	 587 400. 00
	30	6	B756 旅游团返回，确认已实现的经营业务收入	预收账款 主营业务收入——组团外联收入	297 000. 00	 297 000. 00
	31	7	确认 A1879 旅游团本年度实现的主营业务收入	预收账款 主营业务收入——组团外联收入	213 600. 00	 213 600. 00

（二）杭州国际旅游公司。

会计分录

2024 年		凭证号数	摘　　要	科目及子细目	借方金额	贷方金额
月	日					
4	5	1	收到旅游公司预付旅游费	银行存款——美元户（16 000×6. 50） 预收账款——美国洛杉矶旅游公司	104 000. 00	 104 000. 00
	18	2	游程结束，办妥向对方托收账款手续	预收账款——美国洛杉矶旅游公司 应收账款——美国洛杉矶旅游公司 主营业务收入——组团外联收入	104 000. 00 156 000. 00	 260 000. 00
	25	3	收到结欠的其余 60%的旅游费	银行存款——美元户（24 000×6. 49） 财务费用——汇兑损失 应收账款——美国洛杉矶旅游公司	155 760. 00 240. 00	 156 000. 00
	30	4	调整本月旅游经营业务收入	主营业务收入 应交税费——应交增值税——销项税额	28 920. 00	 28 920. 00

（三）天盛旅游公司。

会计分录

2024 年		凭证号数	摘　　要	科目及子细目	借方金额	贷方金额
月	日					
4	20		根据“旅游费用汇总表”确认经营业务收入	应收账款——各组团社 主营业务收入——综合服务收入 主营业务收入——劳务收入 主营业务收入——地游及加项收入 主营业务收入——城市间交通费	294 330. 00	 202 040. 00 7 750. 00 17 235. 00 67 305. 00

习题三　练习旅游企业经营业务成本的核算

（一）广州国际旅游公司。

会计分录

2023年 月	日	凭证号数	摘要	科目及子细目	借方金额	贷方金额
12	7	1	支付A1878旅游团往返机票款	主营业务成本——组团外联成本 银行存款	147 660.00	 147 660.00
	8	2	购汇汇付美国纽约旅游公司45%旅游费	预付账款 银行存款	167 824.80	 167 824.80
	19	3	支付B756旅游团机票款	主营业务成本 银行存款	54 400.00	 54 400.00
	22	4	支付A1879旅游团往返机票款	主营业务成本 银行存款	133 980.00	 133 980.00
	23	5	购汇汇付美国纽约旅游公司45%旅游费	预付账款 银行存款	152 568.00	 152 568.00
	25	6	A1878旅游团返回，确认已实现的旅游经营业务成本	主营业务成本 预付账款 银行存款	372 629.40	 167 824.80 204 804.60
	31	7	B756旅游团已到规定的结算日，现按计划成本入账	主营业务成本——综合服务成本 主营业务成本——劳务成本 主营业务成本——地游及加项成本 主营业务成本——其他服务成本 应付账款——新疆旅游公司	174 000.00 11 560.00 9 880.00 2 360.00	 197 800.00
	31	8	按提供劳务与应提供劳务总量的比例确认A1879旅游团本年度发生的经营业务成本	主营业务成本 应付账款——美国旅游公司	181 200.00	 181 200.00
2024年 1	2	9	汇付旅游团费用	主营业务成本——综合服务成本 主营业务成本——劳务成本 主营业务成本——地游及加项成本 主营业务成本——其他服务成本 应付账款——新疆旅游公司 银行存款	40.00（红字） 40.00 80.00（红字） 100.00（红字） 197 800.00	 197 620.00

（二）新疆旅游公司。

会计分录

2023年 月	日	凭证号数	摘要	科目及子细目	借方金额	贷方金额
12	30		支付B756旅游团接待费用	主营业务成本——广州国际旅游公司 ——综合服务成本 主营业务成本——广州国际旅游公司 ——劳务成本 主营业务成本——广州国际旅游公司 ——地游及加项成本 主营业务成本——广州国际旅游公司 ——城市间交通费 银行存款	 124 380.00 3 380.00 7 800.00 30 400.00	 165 960.00

第六章　餐饮经营业务

一、简答题

略。

二、名词解释题

略。

三、是非题

1. ×　2. ×　3. √　4. √　5. √

四、单项选择题

1. B　2. C

五、多项选择题

1. ACD　2. ABD　3. ABCD　4. BCD

六、实务题

习题一　练习原材料内部调拨和委托加工材料的核算

会计分录

2024 年		凭证号数	摘　　要	科目及子细目	借方金额	贷方金额
月	日					
8	1	1	原材料在内部仓库之间调拨	原材料——第一分店仓库	6 380.00	
				原材料——第三分店仓库		6 380.00
	3	2	原材料在内部厨房之间调拨	主营业务成本——第二分店厨房	1 620.00	
				主营业务成本——第一分店厨房		1 620.00
	5	3	发出委托加工月饼馅料	委托加工物资——加工月饼馅料	17 509.00	
				原材料——粮食类		4 200.00
				原材料——副食类		8 100.00
				原材料——干货类		750.00
				原材料——其他类		4 459.00
	5	4	支付各种原材料的运杂费	委托加工物资——加工月饼馅料	110.00	
				应交税费——应交增值税——进项税额	9.90	
				库存现金		119.90
	9	5	支付月饼馅料加工费用	委托加工物资——加工月饼馅料	4 000.00	
				应交税费——应交增值税——进项税额	520.00	
				银行存款		4 520.00
	9	6	支付运回月饼馅料运杂费	委托加工物资——加工月饼馅料	150.00	
				应交税费——应交增值税——进项税额	13.50	
				库存现金		163.50

续表

2024年		凭证号数	摘　　要	科目及子细目	借方金额	贷方金额
月	日					
8	10	7	加工月饼馅料验收入库	原材料——其他类 委托加工物资——加工月饼馅料	21 769.00	 21 769.00

习题二　练习餐饮制品成本的核算

会计分录

2024年		凭证号数	摘　　要	科目及子细目	借方金额	贷方金额
月	日					
3	1	1	根据月末盘存表作为厨房本月领用的原材料入账	主营业务成本 原材料	20 580.00	 20 580.00
	3	2	购进香菇，已验收入库	原材料——干货类 应交税费——应交增值税——进项税额 银行存款	5 400.00 486.00	 5 886.00
	5	3	购进牛肉、鸡肉，已由厨房验收，账款以商业汇票付讫	主营业务成本 应交税费——应交增值税——进项税额 应付票据	15 300.00 1 369.00	 16 669.00
	8	4	购进条虾、虾仁，已由厨房验收	主营业务成本 应交税费——应交增值税——进项税额 银行存款	14 600.00 1 314.00	 15 914.00
	12	5	购进大米、精白粉，已验收入库	原材料——粮食类 应交税费——应交增值税——进项税额 银行存款	7 000.00 630.00	 7 630.00
	18	6	购进各种调味品，已验收入库	原材料——其他类 应交税费——应交增值税——进项税额 银行存款	2 500.00 325.00	 2 825.00
	31	7	仓库经过盘点，结转耗用原材料成本	主营业务成本 原材料——粮食类 原材料——干货类 原材料——其他类	23 160.00	 8 280.00 12 500.00 2 380.00
	31	8	经过盘点，据以作假退料入账	主营业务成本 原材料	[19 220.00]	 [19 220.00]

习题三　练习食品净料成本的计算

1. 虾仁的单位成本 $=\dfrac{15\times84}{12}=105$（元/千克）

2. 净笋的单位成本 $=\dfrac{125\times20}{55}=45.45$（元/千克）

3. 光草鸭单位成本 $=\dfrac{2\,160-2\times40-20}{50}=41.20$（元/千克）

4. 净牛肉单位成本 $=\dfrac{5\,520-18\times16-9\times7}{88}=\dfrac{5\,169}{88}=58.74$（元/千克）

习题四　练习餐饮制品销售价格的制定

（一）销售毛利率法，计算每种菜肴的价格。

1. 每锅腌笃鲜销售价格 $=\frac{0.3\times50+0.15\times140+0.2\times50+0.2\times20+3}{1-48\%}=101.92$（元）

2. 每盒双菇炒冬笋销售价格 $=\frac{0.2\times42+0.15\times60+0.2\times18+1}{1-48\%}=42.31$（元）

3. 每盒清蒸鳜鱼销售价格 $=\frac{0.6\times120+2}{1-48\%}=142.31$（元）

（二）成本毛利率法，计算每种菜肴的价格。

1. 每锅腌笃鲜销售价格 $=(0.3\times50+0.15\times140+0.2\times50+0.2\times20+3)\times(1+80\%)$
$=95.40$（元）

2. 每盆双菇炒冬笋销售价格 $=(0.2\times42+0.15\times60+0.2\times18+1)\times(1+80\%)$
$=39.60$（元）

3. 每盆清蒸鳜鱼销售价格 $=(0.6\times120+2)\times(1+80\%)=133.20$（元）

习题五　练习餐饮企业经营业务收入的核算

（一）编制会计分录。

会计分录

2024年		凭证号数	摘　要	科目及子细目	借方金额	贷方金额
月	日					
4	2	1	根据“销货日报表”和“收款日报表”入账	库存现金 银行存款 财务费用——手续费 主营业务收入——食品销售收入 主营业务收入——饮料销售收入 主营业务收入——其他收入 待处理财产损溢——待处理流动资产损溢	15 262.00 5 542.20 37.80	 17 040.00 3 660.00 140.00 2.00
	2	2	将销货现金解存银行	银行存款 库存现金	15 262.00	 15 262.00
	3	3	营业溢余款报经批准作为企业收入入账	待处理财产损溢——待处理流动资产损溢 营业外收入	2.00	 2.00
	4	4	预收10%的酒席定金	库存现金 预收账款——酒席定金	1 440.00	 1 440.00
	5	5	预收10%的酒席定金	库存现金 预收账款——酒席定金	540.00	 540.00
	7	6	酒席结束，扣除预收定金后，其余款项以信用卡支付	银行存款 财务费用——手续费 预收账款——酒席定金 主营业务收入——食品销售收入 主营业务收入——饮料销售收入	14 329.86 130.14 1 440.00	 14 400.00 1 500.00
	8	7	停办酒席，将预付定金作为违约金入账	预收账款——酒席定金 主营业务收入——其他收入	540.00	 540.00

续表

2024 年		凭证号数	摘　　要	科目及子细目	借方金额	贷方金额
月	日					
4	30	8	调整本月餐饮经营业务收入	主营业务收入 应交税费——应交增值税——销项税额	28 680.00	 28 680.00

（二）计算确认当日的销售收入，并据以编制会计分录。

鲜肉粽销售数量＝128+1 660−138＝1 650（只）

鲜肉粽销售金额＝1 650×5. 10＝8 415（元）

豆沙粽销售数量＝76+880−81＝875（只）

豆沙粽销售金额＝875×3. 10＝2 712. 50（元）

计算 5 月 8 日的销售收入＝8 415+2 712. 50＝11 127. 50（元）

编制会计分录如下：

借：库存现金　　11 127. 50

　贷：主营业务收入——食品销售收入　　11 127. 50

第七章 服务经营业务

一、简答题

略。

二、名词解释题

略。

三、是非题

1. √ 2. × 3. × 4. √ 5. × 6. √

四、单项选择题

1. C 2. D 3. D

五、多项选择题

1. AD 2. ABD 3. ACDE 4. CDEFG

六、实务题

习题一 练习客房经营业务先收款后入住结算方式的核算

会计分录

2024年		凭证号数	摘要	科目及子细目	借方金额	贷方金额
月	日					
4	1	1	根据“营业收入日报表”入账	预收账款	16 030.00	
				主营业务收入——房费		13 480.00
				主营业务收入——餐饮费		2 340.00
				主营业务收入——小酒柜		210.00
	1	2	收到总服务台交来现金、信用卡签购单和转账支票，已全部解存银行	库存现金	7 930.00	
				银行存款	8 817.00	
				财务费用	63.00	
				预收账款——预收房费		16 810.00

习题二　练习客房经营业务先入住后收款结算方式的核算

（一）长宁宾馆。

会计分录

2024 年		凭证号数	摘　　要	科目及子细目	借方金额	贷方金额
月	日					
4	25	1	根据“营业收入日报表”入账	应收账款 　　主营业务收入——房费 　　主营业务收入——餐饮费 　　主营业务收入——小酒柜	23 480.00	 19 600.00 3 630.00 250.00
	25	2	根据结欠房费栏的“本日收回”各项目数额入账	库存现金 银行存款 财务费用 　　应收账款	10 190.00 11 128.00 72.00	 21 390.00
	30	3	调整本月经营业务收入	主营业务收入 　　应交税费——应交增值税——销项税额	22 482.00	 22 482.00

（二）卢湾饭店。

会计分录

2024 年		凭证号数	摘　　要	科目及子细目	借方金额	贷方金额
月	日					
12	5	1	凌林公司客房款无法收回，作坏账损失处理	坏账准备——应收账款 　　应收账款——凌林公司	1 080.00	 1 080.00
	31	2	计提本月坏账准备	信用减值损失——坏账损失 　　坏账准备——应收账款	1 195.00	 1 195.00
	31	3	计提本月坏账准备	信用减值损失——坏账损失 　　坏账准备——应收账款	1 345.00	 1 345.00

习题三　练习美容经营业务的核算

会计分录

2024 年		凭证号数	摘　　要	科目及子细目	借方金额	贷方金额
月	日					
3	15	1	根据营业收入日报表和收款日报表“营业收入”栏的数额入账	库存现金 银行存款 账务费用——手续费 预收账款 　　主营业务收入——美容部收入 　　主营业务收入——理发部收入	2 830.00 3 964.00 36.00 7 192.00	 7 870.00 6 152.00
	15	2	根据收款日报表中发售消费卡栏中的金额和有关结算凭证入账	库存现金 银行存款 财务费用——手续费 　　预收账款	4 100.00 6 937.00 63.00	 11 100.00
	15	3	将当天现金全部解存银行	银行存款 　　库存现金	6 930.00	 6 930.00

习题四　练习广告经营业务的核算

会计分录

2023年 月	日	凭证号数	摘　要	科目及子细目	借方金额	贷方金额
6	1	1	预收制作服装灯箱广告画面款的60%	银行存款 预收账款——沪光服装公司	14 400.00	 14 400.00
	1	2	预付定制灯箱广告框架账款的40%	预付账款——恒通公司 银行存款	102 000.00	 102 000.00
	29	3	服装灯箱广告画面制作完毕，填制销售发票予以入账	预收账款——沪光服装公司 应收账款——沪光服装公司 主营业务收入——广告制作收入 应交税费——应交增值税——销项税额	14 400.00 11 040.00	 24 000.00 1 440.00
	30	4	灯箱广告框架已竣工，验收使用，支付其余70%账款	固定资产 应交税费——应交增值税——进项税额 预付账款——恒通公司 银行存款	255 000.00 33150.00	 102 000.00 186 150.00
	30	5	制作服装广告画面，领用原材料，支付制作和安装人员薪酬，发生费用及税额	主营业务成本——广告制作成本 应交税费——应交增值税——进项税额 原材料 应付职工薪酬 银行存款	16 280.00 390.00	 8 400.00 4 880.00 3 390.00
7	1	6	支付户外广告登记费	主营业务成本——广告发布成本 银行存款	1 880.00	 1 880.00
	5	7	收到广告画面制作其余的账款和税额	银行存款 应收账款——沪光服装公司	11 040.00	 11 040.00
	15	8	支付第三季度灯箱广告的阵地费及税额	主营业务成本 预付账款——东西高架管理公司 应交税费——应交增值税——进项税额 银行存款	8 400.00 16 800.00 2 268.00	 27 468.00
	31	9	收到本月服装广告发布费和税额	银行存款 主营业务收入——广告发布收入 应交税费——应交增值税——销项税额	17 490.00	 16 500.00 990.00
	31	10	用直线法计提灯箱广告框架折旧	主营业务成本——广告发布成本 累计折旧	4 250.00	 4 250.00

习题五　练习沐浴经营业务的核算

会计分录

2024年		凭证号数	摘　　要	科目及子细目	借方金额	贷方金额
月	日					
4	10	1	根据营业收入日报表及现金和信用卡签购单入账	库存现金	7 107.00	
				银行存款	3 964.00	
				财务费用	36.00	
				待处理财产损溢——待处理流动资产损溢	20.00	
				主营业务收入——男子部		4 152.00
				主营业务收入——女子部		3 492.00
				主营业务收入——其他		3 483.00
	10	2	将现金解存银行	银行存款	7 107.00	
				库存现金		7 107.00
	12	3	查明短款20元是收款工作中的差错，经批准作为企业损失	营业外支出	20.00	
				待处理财产损溢——待处理流动资产损溢		20.00

习题六　练习洗染经营业务的核算

会计分录

2024年		凭证号数	摘　　要	科目及子细目	借方金额	贷方金额
月	日					
3	28	1	根据营业收入日报表入账	应收账款	6 430.00	
				主营业务收入——洗烫收入		5 125.00
				主营业务收入——修补收入		280.00
				主营业务收入——织补收入		395.00
				主营业务收入——皮装上光收入		630.00
	28	2	将收取的现金入账	库存现金	6 510.00	
				应收账款		6 510.00
	28	3	将现金解存银行	银行存款	6 510.00	
				库存现金		6 510.00

习题七　练习照相经营业务的核算

会计分录

2024年		凭证号数	摘　　要	科目及子细目	借方金额	贷方金额
月	日					
3	20		根据营业收入日报表入账	库存现金	4 436.00	
				银行存款	2 774.80	
				财务费用——手续费	25.20	
				主营业务收入——照相收入		5 210.00
				主营业务收入——数码扩印收入		2 026.00

习题八　练习修理经营业务的核算

会计分录

2024年 月	日	凭证号数	摘　要	科目及子细目	借方金额	贷方金额
6	1	1	购进各种修理零配件	原材料 应交税费——应交增值税——进项税额 银行存款	30 000.00 3 900.00	 33 900.00
	10	2	上门修理、清洗空调机，收入存入银行	银行存款 主营业务收入	7 600.00	 7 600.00
	12	3	上门修理洗衣机，收入存入银行	银行存款 主营业务收入	3 560.00	 3 560.00
	15	4	修理电视机完工，应收修理费用	应收账款 主营业务收入	21 600.00	 21 600.00
	16	5	领取修好的电视机，收入存入银行	银行存款 应收账款	20 100.00	 20 100.00
	28	6	上门修理、清洗空调机、修理洗衣机，收入存入银行	银行存款 主营业务收入	14 760.00	 14 760.00
	30	7	修理电视机完工，应收修理费用	应收账款 主营业务收入	19 800.00	 19 800.00
	30	8	领取修好的电视机，收入存入银行	银行存款 应收账款	21 600.00	 21 600.00
	30	9	根据修理部门的耗用原材料汇总表，予以转账	主营业务成本 原材料	17 750.00	 17 750.00
	30	10	调整本月修理业务收入	主营业务收入 应交税费——应交增值税——销项税额	3 010.57	 3 010.57

第八章　商场经营业务

一、简答题

略。

二、名词解释题

略。

三、是非题

1. ×　2. √　3. ×　4. ×　5. √　6. ×　7. √　8. ×

四、单项选择题

1. D　2. C

五、多项选择题

1. ABCD　2. CD　3. BCD

六、实务题

习题一　练习数量进价金额核算

（一）银河宾馆所属商场。

会计分录

2024年		凭证号数	摘　要	科目及子细目	借方金额	贷方金额
月	日					
6	1	1	购进玉雕白兔，款项以支票付讫	在途物资——恒丰玉器厂 应交税费——应交增值税——进项税额 银行存款	20 000.00 2 600.00	 22 600.00
	2	2	玉雕白兔已验收入库	库存商品——玉雕白兔 在途物资——恒丰玉器厂	20 000.00	 20 000.00
	4	3	发现5只玉雕白兔质量不符合要求，做退货处理	应收账款——恒丰玉器厂 库存商品——玉雕白兔 应交税费——应交增值税——进项税额	2 260.00	 2 000.00 260.00
	5	4	接受委托代销翡翠挂件，已验收入库	受托代销商品——静安玉器厂 受托代销商品款——静安玉器厂	24 400.00	 24 400.00
	6	5	接受委托代销檀香扇，已验收入库	受托代销商品——顺昌工艺品厂 受托代销商品款——顺昌工艺品厂	17 400.00	 17 400.00

续表

2024年		凭证号数	摘　　要	科目及子细目	借方金额	贷方金额
月	日					
6	8	6	购进玉手镯、款项以支票付讫，并验收入库	库存商品——玉手镯 应交税费——应交增值税——进项税额 银行存款	16 800.00 2 184.00	 18 984.00
	10	7	收到更正发票，补付账款	库存商品——玉手镯 应交税费——应交增值税——进项税额 银行存款	2 700.00 351.00	 3 051.00
	12	8	购进珍珠项链，款项支票付讫，已验收入库	库存商品——珍珠项链 应交税费——应交增值税——进项税额 银行存款	18 000.00 2 340.00	 20 340.00
	15	9-1	商场销售收入入账	库存现金 银行存款 财务费用——手续费 主营业务收入——商品销售业务	29 200.00 12 410.00 90.00	 41 700.00
		9-2	将销售现金解存银行	银行存款 库存现金	29 200.00	 29 200.00
	16	10	结转商品销售成本	主营业务成本——商品销售业务 库存商品	30 550.00	 30 550.00
	18	11	购进化妆品，款项以商业汇票付讫，已验收入库	库存商品——化妆品 应交税费——应交增值税——进项税额 应付票据——神光化妆品厂	40 800.00 5 304.00	 46 104.00
	20	12	收到红字更正发票，应退账款尚未收到	应收账款——神光化妆品厂 库存商品——化妆品 应交税费——应交增值税——进项税额	1 356.00	 1 200.00 156.00
	22	13	购进玉手镯、已验收入库、款项以支票付讫	库存商品——玉手镯 应交税费——应交增值税——进项税额 银行存款	32 500.00 4 225.00	 36 725.00
	25	14-1	销售代销的翡翠挂件	库存现金 主营业务收入——商品销售业务	16 800.00	 16 800.00
		14-2	将现金解存银行	银行存款 库存现金	16 800.00	 16 800.00
		14-3	结转商品销售成本	主营业务成本——商品销售业务 受托代销商品——静安玉器厂	12 200.00	 12 200.00
		14-4	结转受托代销商品款	受托代销商品款——静安玉器厂 应付账款——静安玉器厂	12 200.00	 12 200.00
	27	15-1	销售代销的檀香扇	库存现金 应付账款——顺昌工艺品厂 应交税费——应交增值税——销项税额	11 865.00	 10 500.00 1 365.00
		15-2	将现金解存银行	银行存款 库存现金	11 865.00	 11 865.00
		15-3	注销代销商品	受托代销商品款——顺昌工艺品厂 受托代销商品——顺昌工艺品厂	8 700.00	 8 700.00
	29	16	开出代销檀香扇清单及代销手续费发票予以转账	应付账款——顺昌工艺品厂 其他业务收入	1 800.00	 1 800.00
	30	17	收到静安玉器厂专用发票，以支票付讫	应付账款——静安玉器厂 应交税费——应交增值税——进项税额 银行存款	12 200.00 1 586.00	 13 786.00

续表

2024年		凭证号数	摘　　要	科目及子细目	借方金额	贷方金额
月	日					
6	30	18-1	商场销售收入入账	库存现金 银行存款 财务费用——手续费 　　主营业务收入——商品销售业务	49 900.00 14 592.00 108.00	 64 600.00
	30	18-2	将销售现金解存银行	银行存款 　　库存现金	49 900.00	 49 900.00
		19	结转商品销售成本	主营业务成本——商品销售业务 　　库存商品	47 450.00	 47 450.00
		20	扣除代销手续费，支付已售代销商品账款	应付账款——顺昌工艺品厂 应交税费——应交增值税——进项税额 　　银行存款	6 900.00 1 113.00	 8 013.00
		21	调整本月商品销售收入	主营业务收入——商品销售业务 　　应交税费——应交增值税——销项税额	14 161.95	 14 161.95

（二）海达宾馆附设商场。

会计分录

2024年		凭证号数	摘　　要	科目及子细目	借方金额	贷方金额
月	日					
5	27	1-1	盘点短缺的玉雕熊猫和龙井绿茶	待处理财产损溢——待处理流动资产损溢 　　库存商品——玉雕熊猫 　　库存商品——龙井绿茶	750.00	 550.00 200.00
		1-2	盘点溢余福建红茶和檀香扇	库存商品——福建红茶 库存商品——檀香扇 　　待处理财产损溢——待处理流动资产损溢	120.00 2 900.00	 3 020.00
	28	2	真丝围巾陈旧过时，经批准削价，计提其跌价准备	资产减值损失——存货跌价损失 　　存货跌价准备	1 530.00	 1 530.00
	29	3	溢余的檀香扇系多发商品，现补来发票，款项未付	待处理财产损溢——待处理流动资产损溢 应交税费——应交增值税——进项税额 　　应付账款——开利工艺品厂	2 900.00 377.00	 3 277.00
	30	4	由于保管人员失职造成玉雕熊猫短缺，40%作为企业损失处理	营业外支出——盘亏损失 其他应收款——责任人 　　待处理财产损溢——待处理流动资产损溢	220.00 330.00	 550.00
	31	5-1	龙井绿茶短缺，经批准作为企业损失	营业外支出——盘亏损失 　　待处理财产损溢——待处理流动资产损溢	200.00	 200.00
		5-2	福建红茶溢余经批准作为企业收益	待处理财产损溢——待处理流动资产损溢 　　营业外收入——盘盈利得	120.00	 120.00
6	6	6-1	销售削价真丝围巾	库存现金 　　主营业务收入——商品销售业务 　　应交税费——应交增值税——销项税额	3 390.00	 3 000.00 390.00
		6-2	现金存入银行	银行存款 　　库存现金	3 390.00	 3 390.00
		6-3	结转商品销售成本	主营业务成本——商品销售业务 　　库存商品	3 960.00	 3 960.00
		6-4	结转已计提的存货跌价准备	存货跌价准备 　　主营业务成本	1 020.00	 1 020.00

习题二　练习售价金额核算

1. 虹桥饭店所属商场

会 计 分 录

2023年		凭证号数	摘　　要	科目及子细目	借方金额	贷方金额
月	日					
12	2	1	购进一批商品，款项以支票付讫	在途物资——上海百货公司 应交税费——应交增值税——进项税额 　　银行存款	34 600.00 4 498.00	 39 098.00
	4	2	购进一批商品，由百货柜验收	库存商品——百货柜 　　在途物资——上海百货公司 　　商品进销差价——百货柜	47 800.00	 34 600.00 13 200.00
	6	3	收到上海百货公司更正发票，应补付货款	商品进销差价——百货柜 应交税费——应交增值税——进项税额 　　应付账款——上海百货公司	100.00 13.00	 113.00
	8	4-1	购进长毛绒海宝，款项以商业汇票付讫	在途物资——光明玩具厂 应交税费——应交增值税——进项税额 　　应付票据——光明玩具厂	33 000.00 4 290.00	 37 290.00
		4-2	长毛绒海宝由百货柜验收	库存商品——百货柜 　　在途物资——光明玩具厂 　　商品进销差价——百货柜	45 000.00	 33 000.00 12 000.00
	12	5	复验发现50只长毛绒海宝质量不符要求，予以退货，退货款项尚未收到	应收账款——光明玩具厂 商品进销差价——百货柜 　　库存商品——百货柜 　　应交税费——应交增值税——进项税额	1 864.50 600.00	 2 250.00 214.50
	15	6-1	商品销售收入	库存现金 银行存款 财务费用——手续费 　　主营业务收入——商品销售业务——百货柜 　　主营业务收入——商品销售业务——食品柜	119 200.00 19 665.00 135.00	 72 200.00 66 800.00
		6-2	将现金解存银行	银行存款 　　库存现金	119 200.00	 119 200.00
		6-3	转销库存商品	主营业务成本——商品销售业务——百货柜 主营业务成本——商品销售业务——食品柜 　　库存商品——百货柜 　　库存商品——食品柜	72 200.00 66 800.00	 72 200.00 66 800.00
	18	7-1	购进一批商品，款项以支票付讫	在途物资——上海食品公司 应交税费——应交增值税——进项税额 　　银行存款	67 900.00 8 827.00	 76 727.00
		7-2	购进的商品由食品柜验收	库存商品——食品柜 　　在途物资——上海食品公司 　　商品进销差价——食品柜	91 800.00	 67 900.00 23 900.00
	21	8	收到上海食品公司红字更正发票，应退货款及增值税	应收账款——上海食品公司 　　商品进销差价——食品柜 　　应交税费——应交增值税——进项税额	1 356.00	 1 200.00 156.00

续表

2023年		凭证号数	摘　　要	科目及子细目	借方金额	贷方金额
月	日					
12	24	9-1	购进长毛绒熊猫，款项尚未支付	在途物资——光明玩具厂 应交税费——应交增值税——进项税额 应付账款——光明玩具厂	30 000.00 3 900.00	 33 900.00
		9-2	长毛绒熊猫已验收入库	库存商品——百货柜 在途物资——光明玩具厂 商品进销差价——百货柜	42 000.00	 30 000.00 12 000.00
	26	10	收到光明玩具厂更正发票，应补收货款及增值税	商品进销差价——百货柜 应交税费——应交增值税——进项税额 应付账款——光明玩具厂	500.00 65.00	 565.00
	27	11	支付前欠光明玩具厂账款	应付账款——光明玩具厂 银行存款	34 465.00	 34 465.00
	29	12-1	购进夹心巧克力，款项以支票付讫	在途物资——新丰食品厂 应交税费——应交增值税——进项税额 银行存款	29 700.00 3 861.00	 33 561.00
		12-2	夹心巧克力由食品柜验收	库存商品——食品柜 在途物资——新丰食品厂 商品进销差价——食品柜	40 500.00	 29 700.00 10 800.00
	31	13-1	商品销售收入	库存现金 银行存款 财务费用——手续费 主营业务收入——商品销售业务——百货柜 主营业务收入——商品销售业务——食品柜	116 500.00 17 392.00 108.00	 69 800.00 64 200.00
		13-2	将现金解存银行	银行存款 库存现金	116 500.00	 116 500.00
		13-3	转销库存商品	主营业务成本——商品销售业务——百货柜 主营业务成本——商品销售业务——食品柜 库存商品——百货柜 库存商品——食品柜	69 800.00 64 200.00	 69 800.00 64 200.00
	31	14	调整商品销售成本	商品进销差价——百货柜 商品进销差价——食品柜 主营业务成本——商品销售业务——百货柜 主营业务成本——商品销售业务——食品柜	38 624.00 35 527.20	 38 624.00 35 527.20
	31	15	调整本月商品销售收入	主营业务收入——商品销售业务——百货柜 主营业务收入——商品销售业务——食品柜 应交税费——应交增值税——销项税额	16 336.28 15 070.80	 31 407.08
	31	16	调整主营业务成本	商品进销差价——百货柜 商品进销差价——食品柜 主营业务成本——商品销售业务——百货柜 主营业务成本——商品销售业务——食品柜	38 842.00 35 442.00	 38 842.00 35 442.00

库存商品明细分类账

营业柜组:百货柜　　单位:元

2023 年 月	日	凭证号数	摘　要	收入金额	发出金额	结存金额
12	1		上月结转			151 000.00
	4	2	购进	47 800.00		198 800.00
	8	4-2	购进	45 000.00		243 800.00
	12	5	退货		2 250.00	241 550.00
	15	6-3	销售		72 200.00	169 350.00
	24	9-2	购进	42 000.00		211 350.00
	31	13-3	销售		69 800.00	141 550.00
12	31		本期发生额及余额	134 800.00	144 250.00	141 550.00

库存商品明细分类账

营业柜组:食品柜　　单位:元

2023 年 月	日	凭证号数	摘　要	收入金额	发出金额	结存金额
12	1		上月结转			145 000.00
	15	6-3	销售		66 800.00	78 200.00
	18	7-2	购进	91 800.00		170 000.00
	29	12-2	购进	40 500.00		210 500.00
	31	13-3	销售		64 200.00	146 300.00
12	31		本期发生额及余额	132 300.00	131 000.00	146 300.00

商品进销差价明细分类账

营业柜组:百货柜　　单位:元

2023 年 月	日	凭证号数	摘　要	借方金额	贷方金额	结存金额
12	1		上月结转			41 120.00
	4	2	购进		13 200.00	54 320.00
	6	3	进货补价	100.00		54 220.00
	8	4-2	购进		12 000.00	66 220.00
	12	5	退货	600.00		65 620.00
	24	9-2	购进		12 000.00	77 620.00
	26	10	进货补价	500.00		77 120.00
	31	14	调整销售成本	38 624.00		38 496.00
12	31		本期发生额及余额	39 824.00	37 200.00	38 496.00

商品进销差价明细分类账

营业柜组:食品柜　　单位:元

2023 年 月	日	凭证号数	摘　要	借方金额	贷方金额	结存金额
12	1		上月结转			39 310.00
	18	7-2	购进		23 900.00	63 210.00
	21	8	进货退价		1 200.00	64 410.00
	29	12-2	购进		10 800.00	75 210.00
	31	14	调整销售成本	35 527.20		39 682.80
12	31		本期发生额及余额	35 527.20	35 900.00	39 682.80

主营业务收入明细分类账

营业柜组:百货柜 单位:元

2023 年		凭证号数	摘 要	借方金额	贷方金额	结存金额
月	日					
12	15	6-1	销售		72 200.00	72 200.00
	31	13-1	销售		69 800.00	142 000.00
	31	15	调整销售收入	16 336.28		125 663.72
12	31		本期发生额及余额	16 336.28	142 000.00	125 663.72

主营业务收入明细分类账

营业柜组:食品柜 单位:元

2023 年		凭证号数	摘 要	借方金额	贷方金额	结存金额
月	日					
12	15	6-1	销售		66 800.00	66 800.00
	31	13-1	销售		64 200.00	131 000.00
	31	15	调整销售收入	15 070.80		115 929.20
12	31		本期发生额及余额	15 070.80	131 000.00	115 929.20

百货柜差价率 $=\frac{77\ 120}{141\ 550+142\ 000}\times100\%=27.20\%$

百货柜已销商品进销差价 = 142 000×27.20% = 38 624(元)

食品柜差价率 $=\frac{75\ 210}{146\ 300+131\ 000}\times100\%=27.12\%$

食品柜已销商品进销差价 = 131 000×27.12% = 35 527.20(元)

百货柜销项税额 $=142\ 000-\frac{142\ 000}{1+13\%}=16\ 336.28$(元)

食品柜销项税额 $=131\ 000-\frac{131\ 000}{1+13\%}=15\ 070.80$(元)

百货柜库存商品进销差价 = 141 550−103 272 = 38 278(元)

食品柜库存商品进销差价 = 146 300−106 532 = 39 768(元)

百货柜已销商品进销差价 = 77 120−38 278 = 38 842(元)

食品柜已销商品进销差价 = 75 210−39 768 = 35 442(元)

2. 长宁饭店

会 计 分 录

2024 年		凭证号数	摘 要	科目及子细目	借方金额	贷方金额
月	日					
4	26	1-1	百货柜将护肤液调低售价	商品进销差价——百货柜 库存商品——百货柜	480.00	 480.00
		1-2	食品柜将青岛啤酒调高售价	库存商品——食品柜 商品进销差价——食品柜	96.00	 96.00
	27	2	百货柜短缺商品,原因待查	待处理财产损溢——待处理流动资产损溢 商品进销差价——百货柜 库存商品——百货柜	145.80 54.20	 200.00

续表

2024年		凭证号数	摘　要	科目及子细目	借方金额	贷方金额
月	日					
4	27	3	食品柜溢余商品，原因待查	库存商品——食品柜 商品进销差价——食品柜 待处理财产损溢——待处理流动资产损溢	120.00	 32.28 87.72
	28	4-1	百货柜编结衫削价，调整其账面价值	商品进销差价——百货柜 库存商品——百货柜[(93-45.20)×50]	2 390.00	 2 390.00
		4-2	计提存货跌价准备	资产减值损失——存货跌价损失 存货跌价准备	1 450.00	 1 450.00
	29	5-1	食品柜巧克力削价，调整其账面价值	商品进销差价——食品柜 库存商品——食品柜[(33.90-22.60)×60]	678.00	 678.00
		5-2	计提存货跌价准备	资产减值损失——存货跌价损失 存货跌价准备	390.00	 390.00
	30	6-1	短缺商品经批准作为企业损失	营业外支出——盘亏损失 待处理财产损溢——待处理流动资产损溢	145.80	 145.80
		6-2	溢余商品经批准作为企业收益	待处理财产损溢——待处理流动资产损溢 营业外收入——盘盈利得	87.72	 87.72
5	12	7-1	销售削价的编结衫	库存现金 主营业务收入——商品销售业务——百货柜	1 130.00	 1 130.00
		7-2	结转商品销售成本	主营业务成本——商品销售业务——百货柜 库存商品——百货柜	1 130.00	 1 130.00
		7-3	结转其计提的存货跌价准备	存货跌价准备 主营业务成本——商品销售业务——百货柜	725.00	 725.00
	15	8-1	销售削价巧克力	库存现金 主营业务收入——商品销售业务——食品柜	678.00	 678.00
		8-2	结转商品销售成本	主营业务成本——商品销售业务——食品柜 库存商品——食品柜	678.00	 678.00
		8-3	结转其计提的存货跌价准备	存货跌价准备 主营业务成本——商品销售业务——食品柜	195.00	 195.00

第九章　金融资产

一、简答题

略。

二、名词解释题

略。

三、是非题

1. ×　2. √　3. ×　4. √　5. √　6. ×

四、单项选择题

1. C　2. B　3. B　4. B　5. D

五、多项选择题

1. ABD　2. BCD　3. BD　4. AB

六、实务题

习题一　练习交易性金融资产的核算

会　计　分　录　　　　单位:元

2023年 月	日	凭证号数	摘　要	科目及子细目	借方金额	贷方金额
11	8	1	购进浦江公司股票10 000股	交易性金融资产——成本——浦江公司股票	80 000.00	
				投资收益	24.00	
				银行存款		80 024.00
	12	2	购进长江公司股票20 000股	交易性金融资产——成本——长江公司股票	116 000.00	
				应收股利——长江公司	4 000.00	
				投资收益	36.00	
				银行存款		120 036.00
	18	3	收到长江公司现金股利	银行存款	4 000.00	
				应收股利——长江公司		4 000.00
	30	4	购进振兴公司债券120张	交易性金融资产——成本——振兴公司债券	120 000.00	
				投资收益	24.00	
				银行存款		120 024.00

续表

2023年		凭证号数	摘要	科目及子细目	借方金额	贷方金额
月	日					
11	30	5	购进捷利公司债券100张	交易性金融资产——成本——捷利公司债券	101 300.00	
				投资收益	20.26	
				银行存款		101 320.26
	30	6-1	浦江公司股票期末按公允价值调整交易性金融资产的价值	公允价值变动损益——交易性金融资产	1 000.00	
				交易性金融资产——公允价值变动——浦江公司股票		1 000.00
	30	6-2	长江公司股票期末按公允价值调整交易性金融资产的价值	交易性金融资产——公允价值变动——长江公司股票	5 200.00	
				公允价值变动损益——交易性金融资产		5 200.00
	30	7	结转本年利润	公允价值变动损益——交易性金融资产	4 200.00	
				本年利润		4 200.00
12	10	8	出售浦江公司股票10 000股	银行存款	81 893.40	
				交易性金融资产——公允价值变动——浦江公司股票	1 000.00	
				交易性金融资产——成本——浦江公司股票		80 000.00
				投资收益		2 893.40
	20	9	出售长江公司股票20 000股	银行存款	125 836.20	
				交易性金融资产——成本——长江公司股票		116 000.00
				交易性金融资产——公允价值变动——长江公司股票		5 200.00
				投资收益		4 636.20
	29	10	出售振兴公司债券160张	银行存款	120 575.88	
				交易性金融资产——成本——振兴公司债券		120 000.00
				投资收益		575.88
	31	11	捷利公司债券期末按公允价值调整交易性金融资产的价值	交易性金融资产——公允价值变动——捷利公司债券	300.00	
				公允价值变动损益——交易性金融资产		300.00
	31	12	结转本年利润	公允价值变动损益——交易性金融资产	300.00	
				本年利润		300.00

习题二 练习债权投资的核算

(一)编制会计分录(用直线法摊销利息调整额)。

会 计 分 录

单位:元

2023年 月	日	凭证号数	摘要	科目及子细目	借方金额	贷方金额
3	31	1	购进科维公司债券	债权投资——成本——科维公司债券	100 000.00	
				银行存款		100 000.00
	31	2	溢价购进阳光公司债券	债权投资——成本——阳光公司债券	150 000.00	
				债权投资——利息调整——阳光公司债券	4 006.50	
				银行存款		154 006.50
	31	3	折价购进通海公司债券	债权投资——成本——通海公司债券	150 000.00	
				债权投资——利息调整——通海公司债券		4 012.50
				银行存款		145 987.50
4	30	4-1	本月应收科维公司债券利息入账	应收利息——科维公司	1 500.00	
				投资收益		1 500.00
		4-2	本月应收阳光公司债券利息入账	应收利息——阳光公司	875.00	
				债权投资——利息调整——阳光公司债券		111.29
				投资收益		763.71
		4-3	本月应收通海公司债券利息入账	应收利息——通海公司	625.00	
				债权投资——利息调整——通海公司债券	111.46	
				投资收益		736.46
5	31	5	应收科维公司债券利息入账,并将其重分类为其他债权投资	应收利息——科维公司债券	1 500.00	
				其他债权投资——成本——科维公司债券	100 000.00	
				其他债权投资——公允价值变动——科维公司债券	779.84	
				债券投资——成本——科维公司债券		100 000.00
				其他综合收益——其他债权投资公允价值变动		779.84
				投资收益		1 500.00
5	31	6	科维公司债券重新分类为交易性金融资产	交易性金融资产——成本——科维公司债券	101 279.84	
				债权投资——成本		100 000.00
				应收利息		500.00
				公允价值变动损益		779.84
2024年 3	31	1	收到阳光公司债券一年期利息	银行存款	10 500.00	
				应收利息——阳光公司		9 625.00
				债权投资——利息调整——阳光公司债券		111.29
				投资收益		763.71

续表

2024年		凭证号数	摘　要	科目及子细目	借方金额	贷方金额
月	日					
3	31	2	收到通海公司债券一年期利息	银行存款	7 500.00	
				债权投资——利息调整——通海公司债券	111.46	
				应收利息——通海公司		6 875.00
				投资收益		736.46
4	15	3	出售通海公司债券，净收入存入银行	银行存款	154 169.16	
				债权投资——成本——通海公司债券		150 000.00
				债权投资——利息调整——通海公司债券		2 671.00
				投资收益		1 498.16
6	30	4	阳光公司债券计提减值准备	信用减值损失——债权投资减值损失	2 188.47	
				债权投资减值准备——阳光公司债券		2 188.47
7	10	5	出售阳光公司债券，净收入存入银行	银行存款	145 440.91	
				债权投资——利息调整——阳光公司债券	2 340.63	
				债权投资减值准备——阳光公司债券	2 188.47	
				投资收益	29.99	
				债权投资——成本——阳光公司债券		150 000.00

（二）用实际利率法计算各年应摊销的利息调整额。

阳光公司实际利率法利息调整计算表（借方余额）　单位：元

付息期数	应计利息收入	实际利息收入	本期利息调整	利息调整借方余额	债券账面价值（不含交易费用）
(1)	(2)=面值×票面利率	(3)=上期(6)×实际利率	(4)=(2)-(3)	(5)=上期利息调整余额-(4)	(6)=面值+(5)
购进时				4 006.50	154 006.50
1	10 500.00	9 240.39	1 259.61	2 746.85	152 746.85
2	10 500.00	9 164.81	1335.19	1 411.66	151 411.66
3	10 500.00	9 088.34	1 411.66	0	150 000.00

新丰公司实际利率法利息调整计算表（贷方余额）　单位：元

付息期数	应计利息收入	实际利息收入	本期利息调整	利息调整借方余额	债券账面价值（不含交易费用）
(1)	(2)=面值×票面利率	(3)=上期(6)×实际利率	(4)=(2)-(3)	(5)=上期利息调整余额-(4)	(6)=面值-(5)
购进时				4 012.50	145 987.50
1	7 500.00	8 759.25	1 259.25	2 753.25	147 246.75
2	7 500.00	8 834.81	1 334.81	1 418.44	148 665.00

续表

付息期数	应计利息收入	实际利息收入	本期利息调整	利息调整借方余额	债券账面价值（不含交易费用）
(1)	(2)=面值×票面利率	(3)=上期(6)×实际利率	(4)=(2)-(3)	(5)=上期利息调整余额-(4)	(6)=面值-(5)
3	7 500.00	8 918.44	1 418.44	0	150 000.00

(三)根据实际利率法计算的结果，编制第一个月计提利息和摊销利息调整额的会计分录。

会 计 分 录

单位：元

2024年 月	日	凭证号数	摘　要	科目及子细目	借方余额	贷方金额
4	30	(4-1)	本月应收华光公司债券利息入账	应收利息——华光公司 债权投资——利息调整——华光公司债券 投资收益	875.00	 104.97 770.03
		(4-2)	本月应收新丰公司债券利息入账	应收利息——新丰公司 债权投资——利息调整——新丰公司债券 投资收益	625.00 104.94	 729.94

习题三　练习其他债权投资的核算

会 计 分 录

单位：元

2022年 月	日	凭证号数	摘　要	科目及子细目	借方金额	贷方金额
12	31	1	购进沪光公司债券	其他债权投资——成本——沪光公司 其他债权投资——利息调整——沪光公司 银行存款	720 000.00 21 789.00	 741 789.00
2023年						
12	31	2	计提沪光公司债券本年度利息	应收利息——沪光公司 投资收益 其他债权投资——利息调整	50 400.00	 43 556.37 6 843.63
		3	按公允价值调整沪光公司债券账面价值	其他债权投资——公允价值变动——沪光公司 其他综合收益——其他债权投资公允价值变动——沪光公司	603.49	 603.49
		4	计提大中公司债券减值准备	信用减值损失 其他综合收益——信用减值准备——大中公司	4 055.86	 4 055.86

续表

2024 年 月	日	凭证号数	摘　要	科目及子细目	借方金额	贷方金额
1	2	5	将沪光公司270张债券重分类为以摊余成本计量	债权投资——成本——沪光公司 债权投资——利息调整——沪光公司 其他综合收益——其他债权投资公允价值变动——沪光公司 其他债权投资——成本——沪光公司 其他债权投资——利息调整——沪光公司 其他债权投资——公允价值变动——沪光公司	400 000.00 8 302.98 325.27	400 000.00 8 302.98 335.27
	2	6-1	将沪光公司240张债券重分类为以公允价值计量	交易性金融资产 其他债权投资——成本——沪光公司 其他债权投资——利息调整——沪光公司 其他债权投资——公允价值变动——沪光公司	204 319.13	200 000.00 4 151.49 167.64
		6-2	结转其他综合收益	其他综合收益——其他债权投资公允价值变动 公允价值变动损益	167.64	167.64
	5	7	出售沪光公司债券90张	银行存款 投资收益 其他债权投资——成本——沪光公司 其他债权投资——利息调整——沪光公司 其他债权投资——公允价值变动——沪光公司	122 471.50 119.98	120 000.00 2 490.90 100.58
3	5	8	出售大中公司债券180张	银行存款 其他综合收益——信用减值准备——大中公司 其他债权投资——成本 其他债权投资——应计利息 其他债权投资——利息调整 其他债权投资——公允价值变动 投资收益	179 892.01 4 055.86	180 000.00 2 700.00 480.00 120.00 647.87

习题四　练习其他权益工具投资的核算

会 计 分 录　　单位:元

2023 年 月	日	凭证号数	摘　要	科目及子细目	借方金额	贷方金额
9	8	1	购进新兴公司股票	其他权益工具投资——成本——新兴公司 银行存款	78 023.40	78 023.40
10	15	2	购进安泰公司股票	其他权益工具投资——成本——安泰公司 应收股利——安泰公司 银行存款	97 529.70 1 500.00	99 029.70

续表

2023年		凭证号数	摘　要	科目及子细目	借方金额	贷方金额
月	日					
12	31	3-1	调整新兴公司股票账面价值	其他综合收益——其他权益工具投资公允价值变动	1 123.50	
				其他收益工具投资——公允价值变动——新兴公司		1 123.50
		3-2	调整安泰公司股票账面价值	其他权益工具投资——公允价值变动——安泰公司	2 837.70	
				其他综合收益——其他权益工具投资公允价值变动		2 837.70
2024年						
2	6	4-1	出售安泰公司股票	银行存款	113 851.80	
				其他权益工具投资——成本——安泰公司		97 529.70
				其他权益工具投资——公允价值变动——安泰公司		2 837.70
				盈余公积		1 348.44
				利润分配——未分配利润		12 135.96
		4-2	结转安泰公司股票的其他综合收益	其他综合收益——其他权益工具投资公允价值变动	2 837.70	
				盈余公积		283.77
				利润分配——未分配利润		2 553.93
3	15	5-1	出售中兴公司股票	银行存款	81 893.40	
				盈余公积		274.65
				利润分配——未分配利润		2 471.85
				其他权益工具投资——成本——中兴公司		78 023.40
				其他权益工具投资——公允价值变动——中兴公司		1 123.50
		5-2	结转中兴公司股票的其他综合收益	其他综合收益——其他权益工具投资公允价值变动	21 227.40	
				盈余公积		2 122.74
				利润分配——未分配利润		19 104.66

第十章　长期股权投资

一、简答题

略。

二、名词解释题

略。

三、是非题

1. √　2. ×　3. ×　4. ×　5. √　6. √

四、单项选择题

1. A　2. C　3. D

五、多项选择题

1. BCD　2. ABD

六、实务题

习题一　练习长期股权投资初始成本的核算

会　计　分　录　　　　单位:元

2024年 月	日	凭证号数	摘　　要	科目及子细目	借方金额	贷方金额
1	8	1-1	转销固定资产账面价值	固定资产清理	1 620 000.00	
				累计折旧	180 000.00	
				固定资产		1 800 000.00
		1-2	确认长期股权投资成本	长期股权投资——投资成本	2 750 000.00	
				资本公积	72 000.00	
				盈余公积	58 000.00	
				固定资产清理		1 620 000.00
				银行存款		1 260 000.00
3	20	2-1	转销固定资产账面价值	固定资产清理	1 370 000.00	
				累计折旧	180 000.00	
				固定资产		1 550 000.00
		2-2	确认长期股权投资成本	长期股权投资——投资成本	2 294 000.00	
				固定资产清理		1 370 000.00
				银行存款		916 000.00
				资产处置损益		8 000.00

续表

2024年		凭证号数	摘　　要	科目及子细目	借方金额	贷方金额
月	日					
5	25	3	购进大众公司股票200 000股	长期股权投资——投资成本 应收股利——金智公司 银行存款	1 368 420.00 32 000.00	 1 400 420.00
	30	4	发行本公司股票600 000股，取得三羊公司8%的股权	长期股权投资——投资成本 股本 资本公积——资本溢价 银行存款	9 643 200.00	 1 600 000.00 8 000 000.00 43 200.00

习题二　练习长期股权投资后续计量的核算

（一）远东饭店会计分录。

会　计　分　录　　　　单位：元

2023年		凭证号数	摘　　要	科目及子细目	借方金额	贷方金额
月	日					
4	30	1	购进中原公司股票5 600 000股	长期股权投资——投资成本 银行存款	33 610 080.00	 33 610 080.00
2024年		2	中原公司宣告发放现金股利，每股0.12元	应收股利——中原公司 投资收益——股权投资收益	672 000.00	 672 000.00
3	15					
	25	3	收到中原公司现金股利	银行存款 应收股利——中原公司	672 000.00	 672 000.00
6	30	4	计提中原公司股票减值准备	资产减值损失——长期股权投资减值损失 长期股权投资减值准备	2 850 120.00	 2 850 120.00
7	8	5	出售中原公司股票98 000股	银行存款 长期股权投资减值准备 投资收益 长期股权投资——成本	534 384.40 49 877.10 3 914.90	 588 176.40

(二)沪光饭店。

会　计　分　录

单位:元

2023年 月	日	凭证号数	摘　　要	科目及子细目	借方金额	贷方金额
1	2	1-1	转销固定资产账面价值	固定资产清理 累计折旧 　　固定资产	2 100 000. 00 400 000. 00 	 2 500 000. 00
		1-2	确认长期股权投资成本	长期股权投资——投资成本 　　固定资产清理 　　银行存款 　　资产处置损益	3 170 000. 00 	 2 100 000. 00 1 050 000. 00 20 000. 00
	3	2	调整长期股权投资	长期股权投资——投资成本 　　营业外收入	30 000. 00 	 30 000. 00
12	31	3	将方圆饭店实现的净利润入账	长期股权投资——损益调整 　　投资收益	312 000. 00 	 312 000. 00
	31	4	将方圆饭店持有的其他权益工具投资的增值入账	长期股权投资——其他综合收益 　　其他综合收益	12 000. 00 	 12 000. 00
2024年 3	 31	5	将方圆饭店接受其母公司的捐赠按相应的份额入账	长期股权投资——其他权益变动 　　资本公积——其他资本公积	20 000. 00 	 20 000. 00
4	15	6	将方圆饭店宣告将分配利润的份额入账	应收股利 　　长期股权投资——损益调整	205 920. 00 	 205 920. 00
	25	7	收到方圆饭店分配的利润	银行存款 　　应收股利	205 920. 00 	 205 920. 00
	30	8-1	出售方圆饭店5%的股权	银行存款 　　长期股权投资——成本 　　长期股权投资——损益调整 　　长期股权投资——其他权益变动 　　投资收益	372 300. 00 	 320 000. 00 10 608. 00 2 000. 00 39 692. 00
		8-2	将出售方圆饭店4%股权的资本公积转账	资本公积——其他资本公积 　　投资收益	2 000. 00 	 2 000. 00

第十一章　负　　债

一、简答题

略。

二、名词解释题

略。

三、是非题

1. ×　2. √　3. ×　4. ×　5. √　6. ×　7. ×　8. √

四、单项选择题

1. A　2. B　3. C

五、多项选择题

1. ABD　2. ACD　3. BCD　4. ACD　5. AC

六、实务题

习题一　练习流动负债的核算

会计分录

2024年		凭证号数	摘　　要	科目及子细目	借方金额	贷方金额
月	日					
6	1	1	向银行借入6个月期限的借款	银行存款	180 000.00	
				短期借款		180 000.00
	10	2	归还6个月前借入已到期的借款	短期借款	160 000.00	
				银行存款		160 000.00
	15	3	提取现金备发职工薪酬	库存现金	149 785.00	
				银行存款		149 785.00
		4	发放本月职工薪酬	应付职工薪酬——工资	181 600.00	
				库存现金		149 785.00
				其他应付款——住房公积金		12 712.00
				其他应付款——养老保险费		14 528.00
				其他应付款——医疗保险费		3 632.00
				其他应付款——失业保险费		908.00
				应交税费——应交个人所得税		35.00

续表

2024 年		凭证号数	摘　　要	科目及子细目	借方金额	贷方金额
月	日					
6	25	5	分配各类人员薪酬	销售费用——职工薪酬 管理费用——职工薪酬 管理费用——劳动保险费 　　应付职工薪酬——工资	148 600.00 29 800.00 3 200.00	 181 600.00
	26	6	按工资总额的 2%计提工会经费	销售费用——职工薪酬 管理费用——职工薪酬 管理费用——劳动保险费 　　应付职工薪酬——工会经费	2 972.00 596.00 64.00	 3 632.00
	27	7	支付职工报销学习科学文化学费和职工生活困难补助费	应付职工薪酬——职工教育经费 应付职工薪酬——职工福利费 　　库存现金	1 250.00 800.00	 2 050.00
		8	按工资总额的 10%、16%、0.5%和 7%分别计提医疗保险费、养老保险费、失业保险费和住房公积金	销售费用——职工薪酬 管理费用——职工薪酬 管理费用——劳动保险费 　　应付职工薪酬——社会保险费 　　应付职工薪酬——住房公积金	49 781.00 9 983.00 1 072.00	 48 124.00 12 712.00
	28	9	将本月应交的医疗保险费、养老保险费、失业保险费和住房公积金缴纳给社保中心和公积金管理中心	应付职工薪酬——社会保险费 应付职工薪酬——住房公积金 其他应付款——住房公积金 其他应付款——养老保险费 其他应付款——医疗保险费 其他应付款——失业保险费 　　银行存款	49 781.00 12 712.00 12 712.00 14 528.00 3 632.00 908.00	 94 273.00

习题二　练习长期借款的核算

会 计 分 录

2023 年		凭证号数	摘　　要	科目及子细目	借方金额	贷方金额
月	日					
5	31	1	取得专门借款转入银行存款户	银行存款 　　长期借款——专门借款——本金	480 000.00	 480 000.00
6	1	2	支付餐厅第一期工程款	在建工程——建筑工程——建造餐厅 应交税费——应交增值税——进项税额 　　银行存款	300 000.00 27 000.00	 327 000.00
	30	3	计提本月专门借款利息	在建工程——建筑工程——建造餐厅 　　长期借款——专门借款——利息	3 200.00	 3 200.00
2024 年						
月	日					
3	31	4	收到尚未动用专门借款存入银行的利息收入	银行存款 　　在建工程——建筑工程——建造餐厅	878.00	 878.00

续表

2024年 月	日	凭证号数	摘　　要	科目及子细目	借方金额	贷方金额
3	31	5	支付餐厅第二期工程款	在建工程——建筑工程——建造餐厅 应交税费——应交增值税——进项税额 　　银行存款	178 000.00 16 020.00	 194 020.00
4	30	6	计提本月专门借款利息和一般借款利息	在建工程——建筑工程——建造餐厅 　　长期借款——专门借款——利息 　　长期借款——一般借款——利息	3 464.00	 3 200.00 264.00
5	31	7	餐厅工程竣工，付清全部款项	在建工程——建筑工程——建造餐厅 应交税费——应交增值税——进项税额 　　银行存款	22 000.00 1 980.00	 23 980.00
	31	8	餐厅已达到预定可使用状态，予以转账	固定资产 　　在建工程——建筑工程——建造餐厅	537 786.00	 537 786.00
6	30	9	计提本月专门借款利息	财务费用——利息支出 　　长期借款——专门借款——利息	3 200.00	 3 200.00

习题三　练习应付债券的核算

（一）编制会计分录如下（康达旅游公司）。

会计分录

年	月	日	凭证号数	摘　　要	科目及子细目	借方金额	贷方金额
2022年	5	28	1	支付债券发行费用	在建工程——建筑工程——建造营业厅 　　银行存款	8 100.00	 8 100.00
		31	2	收到债券发行款	银行存款 　　应付债券——债券面值	540 000.00	 540 000.00
	6	1	3	支付建造营业厅第一期工程款	在建工程——建筑工程——建造营业厅 应交税费——应交增值税——进项税额 　　银行存款	300 000.00 27 000.00	 327 000.00
		30	4	计提本月债券利息	在建工程——建筑工程——建造营业厅 　　应付债券——应计利息	3 600.00	 3 600.00
2023年	8	31	5	收到尚未动用款项的利息收入	银行存款 　　在建工程——建筑工程——建造营业厅	2 430.00	 2 430.00
		31	6	支付建造营业厅剩余工程款	在建工程——建造工程——建造营业厅 应交税费——应交增值税——进项税额 　　银行存款	240 000.00 21 600.00	 261 600.00
		31	7	建造营业厅已达预定可使用状态，根据工程决算转账	固定资产 　　在建工程——建筑工程——建造营业厅	599 670.00	 599 670.00
2024年	5	31	8	债券到期偿还本金并支付利息	应付债券——债券面值 应付债券——应计利息 财务费用——利息支出 　　银行存款	540 000.00 82 800.00 3 600.00	 626 400.00

(二) 计算债券的发行价、债券的溢价额和折价额。

1. 计算上海宾馆为建造客房发行债券的发行价格。

按 6%利率查得 3 年期的复利现值系数为 0. 839 6,年金现值系数为 2. 673 0。

债券发行价格=900 000×0. 839 6+900 000×7%×2. 673 0=924 039. 00(元)

计算结果表明，债券的发行价格为 924 039. 00 元，溢价 24 039. 00 元。

2. 计算凯达广告公司补充流动资金需要发行的债券的发行价格。

债券发行价格=300 000×0. 839 6+300 000×5%×2. 673 0=291 975. 00(元)

计算结果表明，债券的发行价格为 291 975. 00 元，折价 8 025. 00 元。

(三) 编制会计分录，利息调整额的摊销分别采用直线法和实际利率法。

1. 上海宾馆

会计分录

2023 年		凭证号数	摘　要	科目及子细目	借方金额	贷方金额
月	日					
6	28	1	支付债券发行费用	在建工程——建筑工程——建造客房 银行存款	13 500. 00	 13 500. 00
	30	2	收到溢价发行债券全部款项	银行存款 应付债券——债券面值 应付债券——利息调整	924 039. 00	 900 000. 00 24 039. 00
7	8	3	支付建造客房第一期工程款	在建工程——建筑工程——建造客房 应交税费——应交增值税——进项税额 银行存款	500 000. 00 45 000. 00	 545 000. 00
	31	4-1	计提本月债券利息	在建工程——建筑工程——建造客房 应付利息	5 250. 00	 5 250. 00
		4-2	摊销本月利息调整额（用直线法）	应付债券——利息调整 在建工程——建筑工程——建造客房	667. 75	 667. 75
		4-2	摊销本月利息调整额（用实际利率法）	应付债券——利息调整 在建工程——建筑工程——建造客房	641. 15	 641. 15
2024 年						
月	日					
6	30	5-1	支付投资者 1 年期债券利息	应付利息 在建工程——建筑工程——建造客房 银行存款	57 750. 00 5 250. 00	 63 000. 00
		5-2	摊销本月利息调整额（用直线法）	应付债券——利息调整 在建工程——建筑工程——建造客房	667. 75	 667. 75
		5-2	摊销本月利息调整额（用实际利率法）	应付债券——利息调整 在建工程——建筑工程——建造客房	641. 15	 641. 15
	30	6	收到尚未动用款项的利息收入	银行存款 在建工程——建筑工程——建造客房	3 428. 00	 3 428. 00

续表

2024年 月	日	凭证号数	摘要	科目及子细目	借方金额	贷方金额
6	30	7	支付建造客房剩余工程款	在建工程——建筑工程——建造客房 应交税费——应交增值税——进项税额 银行存款	400 000.00 36 000.00	 436 000.00
	30	8	建造客房已达预定可使用状态，根据工程决算转账	固定资产 在建工程——建筑工程——建造客房	965 059.00	 965 059.00

利息调整贷方全额摊销计算表

金额：元

付息期数	票面利息	实际利息	利息调整摊销额	利息调整贷方余额	应付债券现值
(1)	(2)=面值×票面利率	(3)=上期(6)×实际利率	(4)=(2)-(3)	(5)=上期利息调整额-(4)	(6)=面值+(5)
发行时				24 039.00	924 039.00
1	63 000.00	55 306.26	7 693.74	16 345.26	916 345.26
2	63 000.00	54 980.72	8 019.28	8 325.98	908 325.98
3	63 000.00	54 674.02	8 325.98	0	900 000.00

第一年各月的利息调整摊销额=7 693.74÷12=641.15(元)

2. 凯达广告公司

会 计 分 录

2023年 月	日	凭证号数	摘要	科目及子细目	借方金额	贷方金额
6	28	1	支付债券发行费用	财务费用 银行存款	4 500.00	 4 500.00
	30	2	收到折价发行债券全部款项	银行存款 应付债券——利息调整 应付债券——债券面值	291 975.00 8 025.00	 300 000.00
7	31	3-1	计提本月债券利息	财务费用——利息支出 应付利息	1 250.00	 1 250.00
		3-2	摊销本月利息调整额（用直线法）	财务费用——利息支出 应付债券——利息调整	222.92	 222.92
		3-2	摊销本月利息调整额（用实际利率法）	财务费用——利息支出 应付债券——利息调整	209.88	 209.88
2024年 6	 30	4-1	支付投资者1年期债券利息	应付利息 财务费用——利息支出 银行存款	13 750.00 1 250.00	 15 000.00
		4-2	摊销本月利息调整额（用直线法）	财务费用——利息支出 应付债券——利息调整	222.92	 222.92
		4-2	摊销本月利息调整额（用实际利率法）	财务费用——利息支出 应付债券——利息调整	209.88	 209.88

利息调整借方余额摊销计算表

金额：元

付息期数	票面利息	实际利息	利息调整摊销额	利息调整借方余额	应付债券现值
(1)	(2)=面值×票面利率	(3)=上期(6)×实际利率	(4)=(3)-(2)	(5)=上期利息调整额-(4)	(6)=面值-(5)
发行时				8 025.00	291 975.00
1	15 000.00	17 518.50	2 518.50	5 506.50	294 493.50
2	15 000.00	17 669.61	2 669.61	2 836.89	297 163.11
3	15 000.00	17 836.89	2 836.89	0	300 000.00

第一年各年的利息调整摊销额=2 518.50÷12=209.88(元)

习题四　练习融资租赁的核算

会 计 分 录

2024年 月	日	凭证号数	摘　　要	科目及子细目	借方金额	贷方金额
1	2	1	支付融资租赁游艇发生的初始直接费用	固定资产——融资租入固定资产 应交税费——应交增值税——进项税额 银行存款	2 200.00 132.00	 2 332.00
	2	2	融资租入游艇已达到预定可使用状态，验收使用	固定资产——融资租入固定资产 租赁负债——未确认融资费用 租赁负债——租赁付款额	185 546.20 55 453.80	 241 000.00
	31	3	用直线法摊销本月未确认的融资费用	财务费用——利息支出 租赁负债——未确认融资费用	770.19	 770.19
12	31	4	支付本年度游艇的租金	租赁负债——租赁付款额 应交税费——应交增值税——进项税额 银行存款	40 000.00 5 200.00	 45 200.00
5年后		5-1	支付游艇购买价款	租赁负债——租赁付款额 应交税费——应交增值税——进项税额 银行存款	1 000.00 130.00	 1 130.00
		5-2	取得游艇的所有权，予以转账	固定资产——生产经营用固定资产 固定资产——融资租入固定资产	187 746.20	 187 746.20

习题五　练习预计负债的核算

会 计 分 录

2023年 月	日	凭证号数	摘　　要	科目及子细目	借方金额	贷方金额
12	31	1	因合同违约诉讼案很可能败诉损失转账	营业外支出——赔偿支出 预计负债——未决诉讼	105 000.00	 105 000.00
	31	2	因被担保的泰安公司经营困难而可能承担还款责任的损失入账	营业外支出——赔偿支出 预计负债——未决诉讼	99 600.00	 99 600.00

续表

2024年		凭证号数	摘　　要	科目及子细目	借方金额	贷方金额
月	日					
4	15	3-1	支付诉讼费	管理费用——诉讼费 　　银行存款	14 100.00	 14 100.00
		3-2	将确认的合同违约赔偿款入账	预计负债——未决诉讼 　　其他应付款 　　营业外支出——赔偿支出	105 000.00	 104 000.00 1 000.00
	25	4	支付合同违约赔偿款	其他应付款 　　银行存款	104 000.00	 104 000.00
	30	5-1	支付诉讼费	管理费用——诉讼费 　　银行存款	12 500.00	 12 500.00
		5-2	担保协议诉讼案法院判决本公司应承担还款连带责任	营业外支出——赔偿支出 预计负债——未决诉讼 　　其他应付款	200.00 99 600.00	 99 800.00

第十二章　所有者权益

一、简答题

略。

二、名词解释题

略。

三、是非题

1. ×　2. √　3. ×　4. ×　5. ×　6. ×

四、单项选择题

1. C　2. D　3. B　4. C

五、多项选择题

1. ABD　2. AD　3. ABC　4. ABC

六、实务题

习题一　练习投资者投入资本的核算

（一）安顺旅行社。

会 计 分 录

2023 年		凭证号数	摘　　要	科目及子细目	借方金额	贷方金额
月	日					
1	5	1	鼎新公司投资拨入流动资金	银行存款 　　实收资本	316 000. 00	 316 000. 00
	10	2	收到鼎新公司投入房屋 1 幢，已达预订可使用状态	固定资产 　　实收资本	745 000. 00	 745 000. 00
	12	3	收到国外投资者投资美元	银行存款——外币存款 　（$262 000×6. 50） 　　实收资本	1 703 000. 00	 1 703 000. 00
	20	4	收到鼎新公司投入的游艇 1 艘	固定资产 　　实收资本	236 000. 00	 236 000. 00
2024 年						
月	日					
6	15	1	收到国外投资者增加的投资额	银行存款——外币存款 　（$96 000×6. 50） 　　实收资本 　　资本公积——资本溢价	624 000. 00	 499 200. 00 124 800. 00
	18	2	鼎新公司以某项非专利技术作为投资，并收到其投入现金，存入银行	银行存款 无形资产——非专利技术 　　实收资本 　　资本公积——资本溢价	475 000. 00 151 000. 00	 500 800. 00 125 200. 00

（二）光华宾馆股份有限公司。

会计分录

2024年		凭证号数	摘要	科目及子细目	借方金额	贷方金额
月	日					
		1	增发普通股，溢价发行款存入银行	银行存款 股本——普通股 资本公积	8 062 080.00	 960 000.00 7 102 080.00

习题二　练习库存股的核算

（一）荣欣宾馆股份有限公司。

会计分录

2023年		凭证号数	摘要	科目及子细目	借方金额	贷方金额
月	日					
1	31	1	将本月职工提供服务应奖励的金额计入费用	销售费用 管理费用 资本公积——其他资本公积	20 000.00 11 250.00	 31 250.00
3	5	2	购进本公司普通股	库存股 银行存款	371 111.30	 371 111.30
2024年		3	将库存股奖励给职工予以行权	资本公积——其他资本公积 库存股 资本公积——股本溢价	375 000.00	 371 111.30 3 888.70
2	21					

（二）新江旅游股份有限公司。

会计分录

2024年		凭证号数	摘要	科目及子细目	借方金额	贷方金额
月	日					
1	8	1	购进本公司普通股	库存股 银行存款	720 216.00	 720 216.00
3	5	2	购进本公司普通股	库存股 银行存款	1 089 326.70	 1 089 326.70
	10	3	将收购本公司普通股全部予以注销	股本 资本公积——股本溢价 库存股	300 000.00 1 509 542.70	 1 809 542.70

习题三　练习资本公积和盈余公积的核算

会计分录

2023年		凭证号数	摘要	科目及子细目	借方金额	贷方金额
月	日					
12	5	1	收到淮海公司出资款	银行存款 实收资本 资本公积——资本溢价	720 000.00	 576 000.00 144 000.00

续表

2023年		凭证号数	摘　要	科目及子细目	借方金额	贷方金额
月	日					
12	8	2	收到国外投资者汇入美元	银行存款——外币存款 ($120 000×6.50) 实收资本 资本公积——资本溢价	 780 000.00	 624 000.00 156 000.00
	31	3	将持有的安宝公司债券重分类为其他债权投资	其他债权投资——成本 其他债权投资——应计利息 其他债权投资——公允价值变动 债权投资——成本 债权投资——应计利息 其他综合收益——其他债权投资公允价值变动	145 000.00 5 815.00 53.00	 145 000.00 5 815.00 53.00
	31	4	持有兴安公司40%股权的所有者权益增加予以转账	长期股权投资——其他权益变动 资本公积——其他资本公积	14 000.00	 14 000.00
	31	5	按净利润10%计提法定盈余公积、6%计提任意盈余公积	利润分配——提取法定盈余公积 利润分配——提取任意盈余公积 盈余公积——法定盈余公积 盈余公积——任意盈余公积	47 500.00 28 500.00	 47 500.00 28 500.00
	31	6	将资本公积，法定盈余公积和任意盈余公积转增资本	资本公积——资本溢价 盈余公积——法定盈余公积 盈余公积——任意盈余公积 实收资本	180 000.00 100 000.00 50 000.00	 330 000.00

习题四　练习资本公积和其他综合收益的核算

2022年		凭证号数	摘　要	科目及子细目	借方金额	贷方金额
月	日					
12	31	1	净利润年增长率为5.4%，已达标，按奖励额入账	管理费用 资本公积——其他资本公积	125 000.00	 125 000.00
2023年		2	净利润年增长率为7.8%，已达标，按奖励额入账	管理费用 资本公积——其他资本公积	150 000.00	 150 000.00
12	31					
	31	3	将华生公司实现的收入按其应享有的份额入账	长期股权投资——损益调整 长期股权投资——其他综合收益 投资收益 其他综合收益	140 000.00 20 000.00	 140 000.00 20 000.00
		4	期末调整长宁公司股票的账面价值	其他权益工具投资——公允价值变动 其他综合收益——其他权益工具公允价值变动	690.76	 690.76

续表

2023年		凭证号数	摘　　要	科目及子细目	借方金额	贷方金额
月	日					
12	31	5	将持有的大华公司债券重分类为其他债权投资	其他债权投资——成本 其他债权投资——应计利息 其他债权投资——公允价值变动 　　债权投资——成本 　　债权投资——应计利息 　　其他综合收益——其他债权投资公允价值变动	90 090. 00 5 400. 00 690. 76	 90 090. 00 5 400. 00 690. 76
2024年		6	将行权的股票入账	资本公积——其他资本公积 　　实收资本 　　资本公积——资本溢价	275 000. 00	 55 000. 00 220 000. 00
1	6					

第十三章 期间费用和政府补助

一、简答题

略。

二、名词解释题

略。

三、是非题

1. × 2. √ 3. √ 4. ×

四、单项选择题

1. B 2. C 3. B

五、多项选择题

1. BCD 2. ABCD 3. ACD 4. AD

六、实务题

习题一 练习期间费用科目及其子目的划分

划分期间费用表

经济业务	属于期间费用	不属于期间费用
	应列入的科目、子目	应列入的科目
1. 支付接待外宾费用	管理费用——涉外费	
2. 分配本月发放的业务经营人员薪酬	销售费用——经营人员薪酬	
3. 分配本月发放的行政管理人员薪酬	管理费用——管理人员薪酬	
4. 支付业务部门照明电费	销售费用——水电费	
5. 摊销业务部门领用行李车的费用	销售费用——低值易耗品摊销	
6. 董事长预支差旅费		其他应收款
7. 计提本月短期借款利息	财务费用——利息支出	
8. 支付财会部门保险箱修理费	管理费用——修理费	
9. 计提的固定资产减值准备		资产减值损失
10. 餐厅领用酒杯、盘子等餐具	销售费用——物料消耗	
11. 因业务需要而发生的快递费	销售费用——邮电费	
12. 支付明年的财产保险费		待摊费用
13. 支付企业因应诉发生的费用	管理费用——诉讼费	
14. 行政管理部门领用办公用品费用	管理费用——公司经费	
15. 支付为招待客户而发生的费用	管理费用——业务招待费	
16. 支付为绿化而购买树木的款项	管理费用——绿化费	
17. 业务员出差回来报销差旅费	销售费用——差旅费	
18. 支付给经营人员学习专业技术的学费	销售费用——经营人员薪酬	
19. 计提由企业行政管理部门负担的失业保险费	管理费用——管理人员薪酬	
20. 摊销行政管理部门领用办公桌的费用	管理费用——低值易耗品摊销	
21. 支付电视台宣传经营项目的广告费	销售费用——广告宣传费	
22. 支付业务部门大客车的修理费用	销售费用——修理费	

续表

经济业务	属于期间费用	不属于期间费用
	应列入的科目、子目	应列入的科目
23. 企业因办理结算支付给金融机构的手续费	财务费用——手续费	
24. 向咨询机构进行经营管理咨询的费用	管理费用——咨询费	
25. 支付经营账簿上使用的印花税款		税金及附加
26. 支付给职工提供工作餐的费用	销售费用——工作餐费	
27. 支付排污费用	管理费用——排污费	

习题二　练习期间费用的核算

（一）编制会计分录。

会 计 分 录

2024年 月	日	凭证号数	摘　　要	科目及子细目	借方金额	贷方金额
1	2	1	支付今年的财产保险费	待摊费用——保险费	36 000.00	
				银行存款		36 000.00
	3	2	业务员预支差旅费	其他应收款	2 200.00	
				库存现金		2 200.00
	5	3	支付电视台广告费	销售费用——广告宣传费	2 520.00	
				银行存款		2 520.00
	8	4	业务员报销差旅费，结清预支款	销售费用——差旅费	2 080.00	
				库存现金	120.00	
				其他应收款		2 200.00
	10	5	提取现金备发职工薪酬	库存现金	150 105.00	
				银行存款		150 105.00
	10	6	发放本月职工薪酬	应付职工薪酬——工资	182 000.00	
				库存现金		150 105.00
				其他应付款——住房公积金		12 740.00
				其他应付款——养老保险费		14 560.00
				其他应付款——医疗保险费		3 640.00
				其他应付款——失业保险费		910.00
				应交税费——应交个人所得税		45.00
	12	7	提取本月固定资产折旧费	销售费用——折旧费	8 890.00	
				管理费用——折旧费	1 045.00	
				累计折旧		9 935.00
	16	8	摊销本月应负担的保险费	销售费用——保险费	2 200.00	
				管理费用——保险费	800.00	
				待摊费用——保险费		3 000.00
	18	9-1	行政管理部门领用文件柜	低值易耗品——在用低值易耗品	1 800.00	
				低值易耗品——库存低值易耗品		1 800.00
		9-2	按五五摊销法摊销	管理费用——低值易耗品摊销	900.00	
				低值易耗品——低值易耗品摊销		900.00
	20	10	支付电费	销售费用——水电费	2 540.00	
				管理费用——水电费	960.00	
				应交税费——应交增值税——进项税额	455.00	
				银行存款		3 955.00

续表

2024年 月	日	凭证号数	摘　要	科目及子细目	借方金额	贷方金额
1	21	11	支付查账验资费用	管理费用——聘请中介机构费	1 720.00	
				银行存款		1 720.00
	23	12	业务部门报废行李车残值出售收到现金	库存现金	80.00	
				低值易耗品——低值易耗品摊销	625.00	
				销售费用——低值易耗品摊销	545.00	
				低值易耗品——在用低值易耗品		1 250.00
	24	13	支付联系业务的快递费	销售费用——邮电费	270.00	
				银行存款		270.00
	24	14	支付本月业务经营所发生的电信费	销售费用——邮电费	720.00	
				银行存款		720.00
	25	15	提取本月坏账准备	信用减值损失——坏账损失	405.00	
				坏账准备		405.00
	28	16	分配本月各类人员发放的职工薪酬	销售费用——经营人员薪酬	151 000.00	
				管理费用——管理人员薪酬	31 000.00	
				应付职工薪酬——工资		182 000.00
	29	17	按本月工资总额的2%计提工会经费	销售费用——经营人员薪酬	3 020.00	
				管理费用——管理人员薪酬	620.00	
				应付职工薪酬——工会经费		3 640.00
	29	18	按本月工资总额的10%、16%、0.5%和7%分别计提医疗保险费、养老保险费、失业保险费和住房公积金	销售费用——经营人员薪酬	50 585.00	
				管理费用——管理人员薪酬	10 385.00	
				应付职工薪酬——社会保险费		48 230.00
				应付职工薪酬——住房公积金		12 740.00
	30	19	将本月应缴纳的医疗保险费、养老保险费、失业保险费和住房公积金分别缴纳给社保中心和公积金管理中心	应付职工薪酬——社会保险费	48 230.00	
				应付职工薪酬——住房公积金	12 740.00	
				其他应付款——住房公积金	12 740.00	
				其他应付款——养老保险费	14 560.00	
				其他应付款——医疗保险费	3 640.00	
				其他应付款——失业保险费	910.00	
				银行存款		92 820.00
	30	20	客房部领用客人使用的用品一批，行政管理部门领用办公用品一批，予以转账	销售费用——物料消耗	1 275.00	
				管理费用——公司经费	270.00	
				原材料——物料用品		1 545.00
	31	21	支付为绿化环境购入树木款	管理费用——绿化费	1 160.00	
				银行存款		1 160.00
	31	22	计提本月应负担的利息	财务费用——利息支出	1 680.00	
				应付利息		1680.00
3	31	23	支付第一季度短期借款利息	应付利息	3 270.00	
				财务费用——利息支出	1 710.00	
				银行存款		4 980.00

（二）根据编制的会计分录分别登记“销售费用”和“管理费用”明细账。

销售费用明细分类账

单位：元

2024年 月	日	凭证号数	摘要	保险费	水电费	广告宣传费	邮电费	差旅费	折旧费	低值易耗品摊销	物料消耗	经营人员薪酬	合计
1	5	3	支付电视台广告费			2 520							2 520
	8	4	业务员报销差旅费					2 080					2 080
	12	7	提取本月固定资产折旧费						8 890				8 890
	16	8	摊销本月负担的保险费	2 200									2 200
	20	10	支付电费		2 540								2 540
	23	12	业务部门报废行李车							545			545
	24	13	支付联系业务的快递费				270						270
	24	14	支付本月业务经营所发生的电信费				720						720
	28	16	分配经营人员工资									151 000	151 000
	29	17	计提工会经费									3 020	3 020
	29	18	计提医疗保险费、养老保险费、失业保险费和住房公积金									50 585	50 585
	30	20	客房部领用客人使用的用品								1 275		1 275
1	31		本月合计	2 200	2 540	2 520	990	2 080	8 890	545	1 275	204 605	225 645

管理费用明细分类账

单位：元

2024年 月	日	凭证号数	摘要	公司经费	管理人员薪酬	聘请中介机构费用	绿化费	水电费	折旧费	低值易耗品摊销	保险费	合计
1	12	7	提取本月固定资产折旧费						1 045			1 045
	16	8	摊销本月负担的保险费								800	800
	18	9-2	按五五摊销法摊销文件柜							900		900
	20	10	支付电费					960				960
	21	11	支付查账验资费用			1 720						1 720
	28	16	分配行政管理人员工资		31 000							31 000
	29	17	计提工会经费		620							620
	29	18	计提医疗保险费、养老保险费、失业保险费和住房公积金		10 385							10 385
	30	20	行政管理部门领用办公用品	270								270
	31	21	支付为绿化环境购入树木款				1 160					1 160
1	31		本月合计	270	42 005	1 720	1 160	960	1 045	900	800	48 860

习题三　练习政府补助的核算

会 计 分 录

2024年 月	日	凭证号数	摘　　要	科目及子细目	借方金额	贷方金额
4	1	1	收到当地政府补助拨付的环保设备1台，已验收使用	固定资产 　　递延收益	84 000.00	 84 000.00
	2	2	吸收中年残疾人员就业，收到地方政府补助	银行存款 　　递延收益	86 400.00	 86 400.00
	30	3	吸收的残疾人员预计工作9年，确认本月收入	递延收益 　　其他收益	800.00	 800.00
5	31	4-1	计提本月环保设备折旧费	销售费用——折旧费 　　累计折旧	1 400.00	 1 400.00
		4-2	确认本月收益	递延收益 　　其他收益	1 400.00	 1 400.00

第十四章　税金和利润

一、简答题

略。

二、名词解释题

略。

三、是非题

1. ×　2. ×　3. ×　4. √　5. ×　6. √　7. ×

四、单项选择题

1. A　2. C　3. B

五、多项选择题

1. ABC　2. AD　3. ABC

六、实务题

习题一　练习税金及教育费附加的核算

会计分录

2024年		凭证号数	摘要	科目及子细目	借方金额	贷方金额
月	日					
2	28	1	将本月应交未交的增值税入账	应交税费——应交增值税——转出未交增值税 应交税费——未交增值税——转入未交增值税	12 600. 00	 12 600. 00
	28	2	计提城市维护建设税	税金及附加 应交税费——应交城市维护建设税	882. 00	 882. 00
	28	3	计提教育费附加	税金及附加 应交税费——教育费附加	378. 00	 378. 00
	28	4	计提应交房产税、城镇土地使用税和车船税	税金及附加 应交税费——应交房产税 应交税费——应交城镇土地使用税 应交税费——应交车船税	3 282. 50	 1 170. 00 2 000. 00 112. 50
	28	5	将税金及附加结转本年利润	本年利润 税金及附加	4 542. 50	 4 542. 50

续表

2024 年		凭证号数	摘　　要	科目及子细目	借方金额	贷方金额
月	日					
3	5	6	交纳上月的增值税、城市维护建设税、房产税、城镇土地使用税、车船税和教育费附加	应交税费——未交增值税——转入未交增值税 应交税费——应交城市维护建设税 应交税费——应交房产税 应交税费——应交城镇土地使用税 应交税费——应交车船税 应交税费——教育费附加 　　银行存款	12 600. 00 882. 00 1 170. 00 2 000. 00 112. 50 378. 00	 17 142. 50

习题二　练习利润总额的核算

（一）编制会计分录。

会计分录

2024 年		凭证号数	摘　　要	科目及子细目	借方金额	贷方金额
月	日					
1	31	1	计提本月短期借款利息	财务费用——利息支出 　　应付利息	1 920. 00	 1 920. 00
		2	摊销应由本月负担的广告费	销售费用——广告宣传费 　　待摊费用	1 200. 00	 1 200. 00
		3	将损益类贷方余额的账户结转“本年利润”	主营业务收入 其他业务收入 公允价值变动损益 投资收益 营业外收入 　　本年利润	450 000. 00 18 000. 00 1 200. 00 2 500. 00 1 800. 00	 473 500. 00
		4	将损益类借方余额的账户结转“本年利润”	本年利润 　　主营业务成本 　　其他业务成本 　　税金及附加 　　销售费用 　　管理费用 　　财务费用 　　资产减值损失 　　营业外支出	467 760. 00	 330 000. 00 10 800. 00 10 540. 00 61 300. 00 49 800. 00 2 430. 00 1 320. 00 1 570. 00

（二）登记“本年利润”账户。

本年利润

单位：元

2024 年		凭证号数	摘　　要	借　　方	贷　　方	借或贷	余　　额
月	日						
1	31	3	主营业务收入转入		450 000		
			其他业务收入转入		18 000		
			公允价值变动损益转入		1 200		
			投资收益转入		2 500		
			营业外收入转入		1 800		

续表

2024年		凭证号数	摘　　要	借　　方	贷　　方	借或贷	余　　额
月	日						
1	31	4	主营业务成本转入	330 000			
			其他业务成本转入	10 800			
			税金及附加转入	10 540			
			销售费用转入	61 300			
			管理费用转入	49 800			
			财务费用转入	2 430			
			资产减值损失转入	1 320			
			营业外支出转入	1 570		贷	5 740

习题三　练习所得税费用的核算

第一年：

本期所得税额＝(540 000+18 800×40%－12 500+4 570+8 080+81 000－150 000)×25%
＝119 667. 50(元)

递延所得税负债＝150 000×25%＝37 500(元)

递延所得税资产＝(4 570+8 080+81 000)×25%＝23 412. 50(元)

所得税费用＝119 667. 50+37 500－23 412. 50＝133 755(元)

(1) 根据计算的结果，将本年度所得税费用入账，分录如下：

借：所得税费用　　133 755. 00
　　递延所得税资产　　23 412. 50
　贷：应交税费——应交所得税　　119 667. 50
　　　递延所得税负债　　37 500. 00

(2) 将所得税费用结转“本年利润”账户，分录如下：

借：本年利润　　133 755. 00
　贷：所得税费用　　133 755. 00

第二年：

本期所得税额＝[600 000+19 600×40%－16 000+4 710+9 690－(150 000－15 000)]×25%
＝117 810(元)

递延所得税负债＝(150 000－15 000)×25%＝33 750(元)

递延所得税资产＝(4 710+9 690)×25%＝3 600(元)

(1) 根据计算的结果，将本年度所得税费用入账，作分录如下：

借：所得税费用（117 810－3 750+19 812. 50）　　133 872. 50
　　递延所得税负债（33 750－37 500）　　3 750. 00
　贷：应交税费——应交所得税　　117 810. 00
　　　递延所得税资产（3 600－23 412. 50）　　19 812. 50

(2) 将所得税费用结转“本年利润”账户，作分录如下：

借：本年利润　　133 872. 50
　贷：所得税费用　　133 872. 50

习题四 练习利润的核算

会 计 分 录

2023 年		凭证号数	摘　　要	科目及子细目	借方金额	贷方金额
月	日					
11	30	1	将损益类贷方余额的账户结转本年利润	主营业务收入 其他业务收入 公允价值变动损益 投资收益 营业外收入 　　本年利润	830 000.00 15 000.00 1 800.00 3 750.00 1 920.00	 852 470.00
		2	将损益类借方余额的账户结转本年利润	本年利润 　　主营业务成本 　　其他业务成本 　　税金及附加 　　销售费用 　　管理费用 　　财务费用 　　资产减值损失 　　营业外支出	783 670.00	 555 000.00 12 000.00 30 800.00 135 200.00 42 600.00 3 690.00 1 880.00 2 500.00
		3	确认本月所得税额	所得税费用 　　应交税费——应交所得税	17 200.00	 17 200.00
		4	将所得税费用结转本年利润	本年利润 　　所得税费用	17 200.00	 17 200.00
12	10	5	缴纳上月确认的所得税额	应交税费——应交所得税 　　银行存款	17 200.00	 17 200.00
	25	6	预缴本月所得税额	应交税费——应交所得税 　　银行存款	16 500.00	 16 500.00
	31	7	清算本年度应缴所得税额	所得税费用（17 050−2 950+2 630） 递延所得税负债（8 850−11 800） 　　应交税费——应交所得税 　　递延所得税资产（3 150−5 780）	16 730.00 2 950.00	 17 050.00 2 630.00
	31	8	将所得税费用结转本年利润	本年利润 　　所得税费用	16 730.00	 16 730.00
2024 年						
月	日					
1	12	9	清缴上年度所得税额	应交税费——应交所得税 　　银行存款	550.00	 550.00

清算和清缴所得税额的算式：

本年所得税额＝[736 000+22 500×40%−9 000+2 760+9 840−(118 000−82 600)]×25%

＝178 300(元)

本月所得税额＝178 300−161 250＝17 050(元)

递延所得税负债＝(118 000−82 600)×25%＝8 850(元)

递延所得税资产＝(2 760+9 840)×25%＝3 150(元)

应清缴所得税额＝17 050−16 500＝550(元)

习题五　练习利润分配的核算

（一）华阳广告公司。

会 计 分 录

2023年		凭证号数	摘　　要	科目及子细目	借方金额	贷方金额
月	日					
12	31	1	按净利润提取法定盈余公积和任意盈余公积	利润分配——提取法定盈余公积 利润分配——提取任意盈余公积 盈余公积——法定盈余公积 盈余公积——任意盈余公积	550 000. 00 440 000. 00	 550 000. 00 440 000. 00
		2	按净利润分配给投资者利润	利润分配——应付股利 应付股利——沪江公司 应付股利——华生公司	3 850 000. 00	 2 695 000. 00 1 155 000. 00
2024年		3	支付给投资者利润	应付股利——沪江公司 应付股利——华生公司 银行存款	2 695 000. 00 1 155 000. 00	 3 850 000. 00
1	18					

（二）张江宾馆股份有限公司。

会 计 分 录

2023年		凭证号数	摘　　要	科目及子细目	借方金额	贷方金额
月	日					
12	31	1	按净利润计提法定盈余公积	利润分配——提取法定盈余公积 盈余公积——法定盈余公积	366 000. 00	 366 000. 00
		2	按净利润计提任意盈余公积	利润分配——提取任意盈余公积 盈余公积——任意盈余公积	183 000. 00	 183 000. 00
2024年		3	宣告发放现金股利	利润分配——应付普通股股利 应付股利	500 000. 00	 500 000. 00
3	10					
	24	4	分派普通股股票股利予以转账	利润分配——转作股本的股利 股本——普通股	1 500 000. 00	 1 500 000. 00
	24	5	分派普通股现金股利予以转账	应付股利 银行存款	500 000. 00	 500 000. 00

第十五章 财务报表

一、简答题

略。

二、名词解释题

略。

三、是非题

1. × 2. √ 3. × 4. × 5. √ 6. × 7. × 8. √ 9. ×

四、单项选择题

1. B 2. B 3. A 4. D 5. D

五、多项选择题

1. ABCD 2. ACD 3. BD 4. ABD 5. ACD 6. ABC 7. BCD

六、实务题

习题一 练习财务报表的编制

（一）编制资产负债表。

资产负债表

会企 01 表

编制单位：东南宾馆　　2023 年 12 月 31 日　　单位：元

资　产	行 次	期末余额	年初余额	负债和所有者权益（或股东权益）	行 次	期末余额	年初余额
流动资产：				流动负债：			
货币资金	1	185 000	172 500	短期借款	41	120 000	110 000
交易性金融资产	2	90 000	80 000	交易性金融负债	42		
应收票据	3	18 000	16 000	应付票据	43	18 500	18 700
应收账款	4	246 000	238 000	应付账款	44	76 000	75 100
预付款项	5	30 000	27 000	预收款项	45	8 000	7 500
其他应收款	6	18 000	15 000	应付职工薪酬	46	20 750	19 900
存货	8	379 000	366 000	应交税费	47	19 850	18 900
一年内到期的非流动资产	12	60 000	55 000	其他应付款	48	290 000	265 500
其他流动资产	15	30 000	27 900	一年内到期的非流动负债	49	45 000	40 000
流动资产合计	20	1 056 000	997 400	其他流动负债	51		
非流动资产：				流动负债合计	52	598 100	555 600

续表

资　　产	行 次	期末余额	年初余额	负债和所有者权益（或股东权益）	行 次	期末余额	年初余额
债权投资	21	100 000	95 000	非流动负债：			
其他债权投资	22			长期借款	55	150 000	150 000
长期应收款	23			应付债券	56	560 000	500 000
长期股权投资	24			租赁负债	57		
其他权益工具投资	25			长期应付款	58		
固定资产	26	2 582 000	2 507 000	预计负债	59		
在建工程	27	145 600	72 200	递延收益	60		
无形资产	28	60 000	70 000	递延所得税负债	61	12 500	15 000
开发支出	29			其他非流动负债	63		
商誉	31			非流动负债合计	64	722 500	665 000
长期待摊费用	32	48 000	54 000	负债合计	65	1 320 600	1 220 600
递延所得税资产	33	5 600	7 600	所有者权益（或股东权益）			
其他非流动资产	34			实收资本（或股本）	71	2 400 000	2 200 000
非流动资产合计	36	2 941 200	2 805 800	资本公积	72	29 600	229 600
				减：库存股	73		
				其他综合收益	74		
				盈余公积	75	155 280	95 120
				未分配利润	76	91 720	57 880
				所有者权益（或股东权益）合计	77	2 676 600	2 582 600
资产总计	40	3 997 200	3 803 200	负债和所有者权益（或股东权益）总计	80	3 997 200	3 803 200

（二）编制利润表。

利　润　表

会企 02 表

编制单位：东南宾馆　　　　2023 年 12 月　　　　单位：元

项　　目	行次	本月金额	本年累计金额
一、营业收入	1	260 000	3 000 000
减：营业成本	2	59 100	685 000
税金及附加	3	14 300	165 000
销售费用	4	78 100	919 200
管理费用	5	58 600	698 000
研发费用	6		
财务费用	7	2 800	32 800
加：其他收益	9		
投资收益（损失以“-”号填列）	10	1 865	13 600
公允价值变动收益（损失以“-”号填列）	11	135	1 600
信用减值损失（损失以“-”号填列）	12	-520	-5500

续表

项　目	行次	本月金额	本年累计金额
资产减值损失（损失以“-”号填列）	13	-600	-7 300
资产处置收益（损失以“-”号填列）	14		
二、营业利润（亏损以“-”号填列）	15	47 980	502 400
加：营业外收入	16	900	8 600
减：营业外支出	17	1 080	11 000
三、利润总额（亏损总额以“-”号填列）	18	47 800	500 000
减：所得税费用	19	10 950	124 000
四、净利润（净亏损以“-”号填列）	20	36 850	376 000
五、其他综合收益的税后净额	21		
（一）不能重分类进损益的其他综合收益	22		
1. 重新计量设定受益计划变动额	23		
2. 权益法下不能转损益的其他综合收益	24		
……			
（二）将重分类进损益的其他综合收益	28		
1. 权益法下可能损益的其他综合收益	29		
2. 其他债权投资公允价值变动	30		
3. 金融资产重分类计入其他综合收益的金额	31		
……			
六、综合收益总额	35	36 850	376 000
七、每股收益			
（一）基本每股收益	37		
（二）稀释每股收益	38		

（三）编制现金流量表。

现金流量表

会企 03 表

编制单位：东南宾馆　　2023 年度　　单位：元

项　目	行　次	本年金额
一、经营活动产生的现金流量：		
销售商品、提供劳务收到的现金	1	2 995 200
收到的税费返还	3	
收到其他与经营活动有关的现金	8	1 930
经营活动现金流入小计	9	2 997 130
购买商品、提供劳务支付的现金	10	715 860
支付给职工以及为职工支付的现金	12	361 150
支付的各项税费	13	295 830
支付其他与经营活动有关的现金	18	891 280

续表

项　　目	行　　次	本年金额
经营活动现金流出小计	20	2 264 120
经营活动产生的现金流量净额	21	733 010
二、投资活动产生的现金流量：		
收回投资收到的现金	22	94 000
取得投资收益收到的现金	23	10 200
处置固定资产、无形资产和其他长期资产收回的现金净额	25	70 370
处置子公司及其他营业单位收到的现金净额	26	
收到其他与投资活动有关的现金	28	
投资活动现金流入小计	29	174 570
购建固定资产、无形资产和其他长期资产支付的现金	30	561 200
投资支付和现金	31	106 000
取得子公司及其他营业单位支付的现金净额	32	
支付其他与投资活动有关的现金	35	
投资活动现金流出小计	36	667 200
投资活动产生的现金流量净额	37	−492 630
三、筹资活动产生的现金流量：		
吸收投资收到的现金	38	95 000
取得借款收到的现金	40	120 000
收到其他与筹资活动有关的现金	43	
筹资活动现金流入小计	44	215 000
偿还债务支付的现金	45	142 000
分配股利、利润或偿付利息支付的现金	46	294 280
支付其他与筹资活动有关的现金	52	100
筹资活动现金流出小计	53	436 380
筹资活动产生的现金流量净额	54	−221 380
四、汇率变动对现金及现金等价物的影响	55	−1 500
五、现金及现金等价物净增加额	56	17 500
加：期初现金及现金等价物余额	57	217 500
六、期末现金及现金等价物余额	58	235 000
补 充 资 料	行　　次	本 年 金 额
1. 将净利润调节为经营活动现金流量：		
净利润	59	376 000
加：资产减值准备	60	12 800
固定资产折旧	61	347 500
无形资产摊销	62	10 000
长期待摊费用摊销	63	6 000

续表

项目	行次	本年金额
处置固定资产、无形资产和其他长期资产的损失（收益以“-”号项列）	64	-2 370
固定资产报废损失	65	
公允价值变动损失（收益以“-”号填列）	66	-1 600
财务费用	67	31 380
投资损失（收益以“-”号填列）	68	-13 600
递延所得税资产减少（增加以“-”号填列）	69	2 000
递延所得税负债增加（减少以“-”号填列）	70	-2 500
存货的减少（增加以“-”号填列）	71	-13 000
经营性应收项目的减少（增加以“-”号填列）	72	-19 500
经营性应付项目的增加（减少以“-”号填列）	73	2 000
其他	74	-2 100
经营活动产生的现金流量净额	75	733 010
2. 不涉及现金收支的投资和筹资活动：		
债务转为资本	76	
一年内到期的可转换公司债券	77	
融资租入固定资产	78	
3. 现金及现金等价物净增加情况：		
现金的期末余额	79	185 000
减：现金的期初余额	80	172 500
加：现金等价物的期末余额	81	50 000
减：现金等价物的期初余额	82	45 000
现金及现金等价物增加额	83	17 500

编制现金流量表有关行次数据具体计算如下：

行次 1＝3 000 000+10 200+16 000+238 000+8 000−18 000−246 000−7 500−5 500
＝2 995 200（元）

行次 8＝2 930+6 600−7 600＝1 930（元）

行次 10＝685 000+8 160+4 700+10 100+1 780+820+379 000−366 000+18 700+
75 100+30 000−18 500−76 000−27 000−10 000＝715 860（元）

行次 13＝165 000+5 240+18 900+204+4 550−19 850−187−3 800+2 023+123 750
＝295 830（元）

行次 18＝919 200+698 000+32 800+11 000−280 000−22 320−296 000−6 000 −4 700−
10 100−72 000−5 580−51 500−10 000−5 240−1 780−820−29 780−100−
1 500−3 300+30 000+7 200−6 200＝891 280（元）

行次 22＝80 000−55 000+70 000−1 000＝94 000（元）

行次 23＝1 600+13 600+4 000+1 000−6 000−4 000＝10 200（元）

行次 25＝72 000−1 630＝70 370（元）

行次 30＝490 500+150 000+7 300−76 600−10 000＝561 200（元）

行次 31＝90 000+80 000−60 000−4 000＝106 000（元）

行次 45＝110 000+40 000−8 000＝142 000（元）

行次 46 = 256 500+29 780+10 000+8 000−10 000 = 294 280（元）

行次 72 = 16 000+238 000+27 000+11 000−18 000−246 000−30 000−12 000−5 500
= −19 500（元）

行次 73 = 18 500+76 000+8 000+20 750+19 850+8 000−18 700−75 100−7 500−
19 900−18 900−9 000 = 2 000（元）

（四）编制所有者权益变动表。

所有者权益变动表

2023 年度

编制单位：东南宾馆　　会企 04 表　单位：元

项目	行次	本年金额							上年金额						
		实收资本（或股本）	资本公积	库存股（减项）	其他综合收益	盈余公积	未分配利润	所有者权益合计	实收资本（或股本）	资本公积	库存股（减项）	其他综合收益	盈余公积	未分配利润	所有者权益合计
一、上年年末余额	（略）	2 200 000	229 600			95 120	57 880	2 582 600	2 000 000	229 600			40 400	27 100	2 297 100
加：会计政策变更															
前期差错更正															
二、本年年初余额		2 200 000	229 600			95 120	57 880	2 582 600	2 000 000	229 600			40 400	27 100	2 297 100
三、本年增减变动金额（减少以“—”号填列）															
（一）综合收益总额								376 000							342 000
（二）所有者投入和减少资本															
1. 所有者投入资本									200 000						200 000
2. 股份支付计入所有者权益的金额															
3. 其他															
（三）利润分配															
1. 提取盈余公积						60 160							54 720		
2. 对所有者（或股东）的分配								282 000							256 500
3. 其他							33 840							30 780	
（四）所有者权益内部结转															
1. 资本公积转增资本（或股本）		200 000	−200 000												
2. 盈余公积转增资本（或股本）															
3. 盈余公积弥补亏损															
4. 其他															
四、本年年末余额		2 400 000	29 600			155 280	91 720	2 676 600	2 200 000	229 600			95 120	57 880	2 582 600

习题二　练习财务报表的分析

一、偿债能力分析

（一）短期偿债能力分析。

1. 流动比率$=\frac{1\ 056\ 000}{598\ 100}\times100\%=176.56\%$

这一比率接近200%，表明该宾馆有一定的短期偿债能力，企业的流动资产在清偿流动负债后，剩余的部分仍能保证企业各项经营业务的正常进行。

2. 速动比率

速动资产$=1\ 056\ 000-379\ 000-30\ 000=647\ 000$（元）

速动比率$=\frac{647\ 000}{598\ 100}\times100\%=108.18\%$

这一比率已超过100%，表明该宾馆有能力偿还流动负债。

（二）长期偿债能力分析。

资产负债率$=\frac{1\ 320\ 600}{3\ 997\ 200}\times100\%=33.04\%$

这一比率表明该宾馆经营资金主要是投资者所有，财务状况良好，企业有足够的资产来偿还其全部债务，使债权人放心，但仅有33.04%的经营资金是从社会筹集的，表明企业的筹资能力一般。

二、营运能力分析

1. 应收账款周转率

应收账款平均余额$=\frac{1}{2}\times(246\ 000+238\ 000)=242\ 000$（元）

应收账款周转率$=\frac{3\ 000\ 000}{242\ 000}=12.40$（次）

这一应收账款周转率表明该宾馆的应收账款变现速度较快。

2. 存货周转率

存货平均余额$=\frac{1}{2}\times(379\ 000+366\ 000)=372\ 500$（元）

存货周转率$=\frac{685\ 000}{372\ 500}=1.84$（次）

这一存货周转率表明该宾馆的存货周转速度一般，存货周转的速度越快，表明这部分资金运用得越好。

3. 流动资产周转率

流动资产平均余额$=\frac{1}{2}\times(1\ 056\ 000+997\ 400)=1\ 026\ 700$（元）

流动资产周转率$=\frac{3\ 000\ 000}{1\ 026\ 700}=2.92$（次）

这一流动资产周转率表明该宾馆流动资产的使用效率一般，流动资产营运能力也一般。

三、盈利能力分析

1. 营业利润率和营业净利率

$$营业利润率=\frac{502\ 400}{3\ 000\ 000}\times 100\%=16.75\%$$

$$营业净利率=\frac{376\ 000}{3\ 000\ 000}\times 100\%=12.53\%$$

这一指标反映了该宾馆每 100 元营业收入能获得营业利润 16.75 元，净利润 12.53 元，营业利润率和营业净利率越高，表明企业的盈利能力越强。

2. 净资产收益率

$$所有者权益平均余额=\frac{1}{2}\times（2\ 676\ 600+2\ 582\ 600）=2\ 629\ 600（元）$$

$$净资产收益率=\frac{376\ 000}{2\ 629\ 600}\times 100\%=14.30\%$$

这一指标反映了该宾馆每 100 元净资产能获得净利润 14.30 元，净资产收益率越高，表明企业净资产的盈利能力越强。该指标是投资者考虑是否对企业进行再投资的重要依据。

3. 总资产报酬率

$$总资产平均余额=\frac{1}{2}（3\ 997\ 200+3\ 803\ 200）=3\ 900\ 200（元）$$

$$总资产报酬率=\frac{500\ 000+29\ 780}{3\ 900\ 200}\times 100\%=13.58\%$$

这一指标反映了该宾馆每 100 元总资产能获得 13.58 元报酬，总资产报酬率越高，表明企业总资产的盈利能力越强。

测试题及解答

测　试　题

测试题一

题号	一	二	三	四	五	总分
得分						

一、是非题（每小题 1 分，共 10 分）

1. 旅游餐饮服务企业会计具有会计核算和会计监督两大职能。（　　）

2. 企业确认无形资产必须同时满足与该无形资产有关的经济利益很可能流入企业，该无形资产不具备实物形态和该无形资产的成本能够可靠度量的条件。（　　）

3. 餐饮企业购进的粮食、调味品和干货都应入库管理。（　　）

4. 广告经营者是指受托提供广告设计、制作服务的法人、其他经济组织或者个人。（　　）

5. 商品可变现净值是指在日常活动中，商品估计的售价减去商品成本后的差额。（　　）

6. 重大影响是指对一个企业的经营决策有参与决策的权利，但并不能够控制或者与其他方一起共同控制这些政策的制定。（　　）

7. 募集设立的股份有限公司的发起人在公司成立之前的首次出资额不得低于注册资本的 25%。（　　）

8. 政府补助为非货币性资产的，应当按照公允价值计量；公允价值不能可靠取得的，按照名义金额计量，名义金额为 1 元。（　　）

9. 对于存在可抵扣暂时性差异的所得额，应当按照规定确认为递延所得税负债。（　　）

10. 企业应坚持“钱账分管”的内部控制制度，出纳人员不得兼办费用、收入、债务、债权账簿的登记工作，以及稽核和会计档案的保管工作，以杜绝弊端。（　　）

二、单项选择题（每小题 2 分，共 16 分）

1. 会计的核算职能是指将旅游餐饮服务企业已经发生的个别、大量的经济业务，通过确认、计量、记录、________，转化为全面、连续、系统的会计信息，以反映旅游餐饮服务企业经济活动的全过程及其结果的职能。

A. 报告、分析　　B. 比较、报告　　C. 汇总、分析　　D. 报告、汇总

2. 具有清算及时、使用方便、收付双方都有法律保障和结算灵活特点的票据是________。

A. 银行本票　　B. 银行汇票　　C. 支票　　D. 商业汇票

3. ________是指非组团旅游公司为组团社派出的翻译、导游人员，按规定开支的各项费用。

A. 综合服务成本　B. 劳务成本　C. 零星服务成本　D. 其他服务成本

4. 已销商品进销差价计算偏低，那么________。

A. 期末库存商品价值偏高，毛利也偏高

B. 期末库存商品价值偏高，毛利则偏低

C. 期末库存商品价值偏低，毛利也偏低

D. 期末库存商品价值偏低，毛利则偏高

5. 将债权投资重分类为其他债权投资时，其账面价值与公允价值（扣除交易费用）之间的差额列入“________”账户。

A. 其他综合收益　B. 公允价值变动损益

C. 投资收益　D. 其他债权投资——公允价值变动

6. 股份支付授予后，公司在等待期内每个会计期末应将取得职工提供的服务计入成本、费用，计入成本费用的金额应当按照________公允价值计量。

A. 金融资产　B. 金融工具　C. 衍生工具　D. 权益工具

7. ________属于应纳税暂时性差异。

A. 公益性捐赠　B. 计提坏账准备

C. 业务招待费　D. 自行开发的无形资产

8. 现金流量表中“借款收到的现金”项目根据________账户贷方发生额的合计数填列。

A. 短期借款、长期借款　B. 短期借款、长期借款——本金

C. 应付账款、短期借款、长期借款　D. 短期借款、长期借款、应付债券

三、多项选择题（每小题 2 分，共 16 分）

1. 原材料的实际成本由________组成。

A. 买价　B. 运输途中的合理损耗

C. 运杂费　D. 采购费用

2. 企业在确定固定资产折旧使用寿命时，应考虑的因素有该资产的________。

A. 预计生产能力或实物产量　B. 有关资产适用的法律或类似的限制

C. 预计有形损耗　D. 预计无形损耗

3. 客房出租的主要价格有________。

A. 团队房价　B. 标准房价　C. 实际出租房价　D. 合同房价

4. 借款费用必须同时具备下列条件________，才能开始资本化。

A. 为使资产达到预定可使用或者可销售状态所必需的购建或者生产活动已经开始

B. 借款费用已经发生

C. 借款的辅助费用已经发生

D. 资产支出已经发生

5. 财务费用由利息支出、________等组成。

A. 汇兑损失　B. 其他财务费用　C. 筹资费用　D. 手续费

6. ________产生应纳税的暂时性差异。

A. 资产的账面价值大于其计税基础　B. 资产的账面价值小于其计税基础

C. 负债的账面价值小于其计税基础　D. 负债的账面价值大于其计税基础

7. 反映企业营运能力的指标主要有________。

A. 总资产报酬率　　B. 存货周转率

C. 流动资产周转率　　D. 应收账款周转率

8. 企业期末采用即期汇率折算而产生汇兑差额的外币项目有________等。

A. 银行存款　　B. 存货　　C. 应收账款　　D. 应付账款

四、分录题［每小题 2 分，其中第（一）部分第 1、第 19 小题 4 分，共 48 分］

（一）上海凯乐宾馆经营客房、餐饮、旅游和商场业务，商场部采用进价金额核算，信用卡手续费率为 1%，现发生下列经济业务。

1. 客房部采取先入住后付款结算方式，该部送来营业收入日报表，表中“营业收入合计”栏为 23 410 元，其中房费 19 800 元，餐饮费 3 390 元，小酒柜 220 元，“结欠房费”栏内本日收回的金额为 24 380 元，其中现金 18 380 元，信用卡签购单 6 000 元，现金和信用卡签购单已存入银行。

2. 餐饮部购进粳米 600 千克，每千克 4. 50 元，税额 243 元；猪肉 40 千克，每千克 45 元，税额 162 元。粳米和猪肉分别由仓库和厨房验收，账款均以转账支票付讫。

3. 接受黄云龙先生预订酒席 12 桌，每桌 1 600 元，预收 10%的酒席定金，存入银行。

4. 黄云龙先生的酒席结束，另收取饮料费 3 020 元，扣除预收定金外，其余款项由黄云龙先生以信用卡支付，信用卡签购单已存入银行。

5. 宾馆旅游部委托美国芝加哥旅游公司组团来我国上海、桂林等地旅游，芝加哥旅游公司组成了 C1836 旅游团共 30 人，共计旅游费 49 500 美元，旅游协议规定在旅游者入境前要预付旅游费的 40%，当日收到对方电汇的 19 800 美元存入银行，当日美元的中间汇率为 6. 80。

6. 芝加哥旅游公司的 C1836 旅游团游程结束，已离境回国，旅游部根据各接团社报来的结算通知单，填制“结算账单”，计金额 49 500 美元，并填写托收申请书，办妥向对方托收账款的手续，当日美元的中间汇率为 6. 80。

7. 收到银行转来的美国芝加哥旅游公司结欠的其余 60%的旅游费 29 700 美元。当日美元对人民币的中间价为 6. 7900。

8. 购进钢琴 1 架，专用发票上列明买价 36 000 元，增值税额 4 680 元，并发生运输费 300 元，税额 27 元，全部款项一并从银行汇付对方，钢琴已送达，并验收入库。

9. 上项钢琴预计净残值率为 4%，预计使用寿命 10 年，计提本月折旧额。

10. 购进办公桌 2 张，每张买价 1 000 元，共计 2 000 元，税额 260 元，以银行本票付讫，办公桌由行政管理部领用，按五五摊销法摊销。

11. 商场部向上海工艺品厂购进玉雕狮子 60 只，收到专用发票，列明单价 500 元，计货款 30 000 元，增值税额 3 900 元，款项以商业汇票付讫。

12. 上海工艺品厂发来商场部购进的玉雕狮子 60 只，每只 500 元，计货款 30 000 元，已验收入库。

13. 商场部转来“销货日报表”和“收款日报表”，列明销售各种商品计 21 000 元，货款中信用卡结算 7 200 元，其余部分为现金结算，结算单据和现金均已解存银行。

14. 购进光明公司股票 12 000 股，每股 9 元，另以交易金额的 0. 3‰支付佣金，款项一并签发转账支票付讫。该股票确定以公允价值计量且其变动计入当期损益。

15. 出售光明公司股票 12 000 股，每股按 9. 50 元出售，另以交易金额的 0. 3‰支付佣金，1‰交纳印花税，收到出售净收入，存入银行。

16. 本月应发放的职工薪酬合计为 126 000 元，其中业务经营人员 110 000 元，行政管理人员 16 000 元，代扣款项为 22 740 元，其中：住房公积金 8 820 元，养老保险费 10 080 元，医疗保险费 2 520 元，失业保险费 1 260 元，个人所得税 60 元，其余 103 260 元以现金付讫。

17. 本月领用粳米、精白面粉等粮食类材料 5 060 元，领用海参、香菇等干货类材料 27 500 元，予以转账。

18. 按应收账款期末余额 320 000 元的 1%计提坏账准备，查“坏账准备”账户余额为 600 元。

19. 年终决算利润总额为 600 000 元，发生业务招待费 20 000 元，对外投资分得税后利润 11 000 元。“递延所得税负债”账户余额为 24 000 元，“递延所得税资产”账户余额为 4 950 元，影响计税基础的有关账户余额为：坏账准备 3 200 元，固定资产减值准备 8 000 元，“无形资产”账户有自行开发的专利权 120 000 元，已摊销了 36 000 元，按 25%税率确认本年度所得税额。前 11 个月已计提了所得税额 118 000 元，清算本年度应交所得税额（列出算式）。

（二）黄浦广告公司发生下列经济业务。

1. 为新欣服装公司制作服装广告，画面制作费为 25 000 元，根据合同规定，预收服装广告画面制作费的 40%，存入银行。

2. 服装广告的画面制作完毕，经对方验收合格，当即填制专用发票，金额 25 000 元，税额 1 500 元，予以入账。

3. 收到新欣服装公司付来的服装广告画面制作费其余 60%的账款和税额 1 500 元，以及本月服装广告发布费 17 500 元，税额 1 050 元，存入银行。

五、计算题（10 分）

1. 根据下列资料，用加权平均法计算原材料耗用成本（3 分）。

原材料明细分类账

品名：粳米　　　　计量单位：千克

2024 年		凭证号数	摘要	收入			发出			结存		
月	日			数量	单价	金额	数量	单价	金额	数量	单价	金额
1	1		余额							500	4. 80	2 400. 00
	5	（略）	发出				320			180		
	8		购进	600	4. 85	2 910. 00				780		
	12		发出				360			420		
	20		发出				350			70		
	23		购进	550	4. 98	2 739. 00				620		
	28		发出				380			240		
	31		盘亏				10	4. 80	48. 00	230		

加权平均单价＝____________________

期末结存＝____________________

本期发出原材料成本＝______________________

2. 根据下列账户净发生额计算利润项目的金额（4分）。

主营业务收入	320 000	营业外收入	1 880
其他业务收入	15 000	营业外支出	2 700
主营业务成本	62 000	税金及附加	18 000
其他业务成本	8 600	信用减值损失	920
销售费用	108 100	资产减值损失	1 140
管理费用	55 000	投资收益	6 000
财务费用	2 760	公允价值变动损益（贷方）	1 500

（1）营业利润＝______________________

（2）利润总额＝______________________

3. 根据下列资料计算现金流量表项目的金额（3分）。

利润表“营业收入”项目为335 000元；“应交税费——应交增值税——销项税额”明细账户净发生额为17 000元；资产负债表“应收票据”和“应收账款”项目的年初余额分别为12 000元和116 000元，年末余额分别为13 500元和121 000元，“坏账准备——应收账款”明细账户的借贷方发生额分别为3 100元和3 500元。

销售商品、提供劳务收到的现金＝______________________

测试题二

题号	一	二	三	四	五	总分
得分						

一、是非题（每小题1分，共10分）

1. 采用五五摊销法，核算手续较为复杂，但便于控制使用中的实物，它适用于价值较高，使用期限较长的低值易耗品。（ ）

2. 外购的固定资产应按照买价、相关税费、使固定资产达到预定可使用状态前所发生的运输费、装卸费、安装费和专业人员服务费等计量。（ ）

3. 旅游企业常用的国际结算方式有汇付、托收和旅行支票。

4. 为了既满足管理上的需要，又简化计算手续，可采用换算的方法，将成本毛利率换算为销售毛利率。（ ）

5. 修理企业的成本只核算修理过程中耗用的零配件和修理材料，不核算人工成本。（ ）

6. 广告、客房、洗染和修理等企业同时具有生产、服务和销售三项功能。（ ）

7. 债券与长期借款相比较，它具有筹资范围广、流动性大，并可以溢价或折价发行的特点。（ ）

8. 政府补助的主要形式有财政拨款、财政贴息、政府拨款和税收返还等。（ ）

9. 企业年终决算后，“利润分配——未分配利润”账户的余额，倘若在贷方，表示未分配利润；倘若在借方，则表示未弥补亏损。（ ）

10. 反映企业盈利能力的指标主要有营业净利率、净资产收益率和总资产报酬率。（ ）

二、单项选择题（每小题 2 分，共 16 分）

1. ________是指经过生产加工后构成产品实体的各种原料和材料。

A. 原材料　　B. 原料及主要材料　　C. 辅助材料　　D. 委托加工材料

2. 企业采用加速折旧法是为了________。

A. 在较短的时间内收回固定资产的全部投资

B. 在近期减少企业的利润

C. 在较短的时间内收回固定资产投资的大部分

D. 合理地提取固定资产折旧

3. 计提坏账准备是以信息质量要求中的________为依据的。

A. 谨慎性　　B. 可比性　　C. 重要性　　D. 相关性

4. 企业确认预计负债的金额应当按照履行相关义务所需支出的________。

A. 最可能发生的金额　　B. 一个连续范围的中间值

C. 最佳估计数　　D. 各种可能结果的相关概率计算确定数

5. 支付全年保险费属于________方式。

A. 预提待付　　B. 直接交付　　C. 转账摊销　　D. 预付待摊

6. ________属于可抵扣暂时性差异。

A. 赞助支出　　B. 自行开发的无形资产

C. 支付各项税收的滞纳金　　D. 预计负债

7. 资产负债表中“应收账款”项目内除了包括“应收账款”账户所属各明细账户的借方余额合计数外，还应包括________。

A.“应付账款”账户所属各明细分类账户借方余额合计数

B.“预付账款”账户所属各明细分类账户借方余额合计数

C.“预收账款”账户所属各明细分类账户借方余额合计数

D.“其他应收款”账户所属各明细分类账户借方余额合计数

8. 企业发生外币业务时，除按外币原币记账外，还应当按照外汇交易日的________将外币金额折算为记账本位币金额记账。

A. 买入汇率　　B. 中间汇率　　C. 即期汇率　　D. 历史汇率

三、多项选择题（每小题 2 分，共 16 分）

1. 旅游餐饮服务企业的会计科目按照其反映的经济内容不同，可划分为资产类、负债类和________。

A. 所有者权益类　　B. 费用类　　C. 成本类　　D. 损益类

2. 通过“其他货币资金”账户核算的结算方式有________。

A. 商业汇票　　B. 银行汇票　　C. 银行本票　　D. 信用卡

3. 餐饮经营业务收入可以分为食品销售收入、________进行明细核算。

A. 饮料销售收入　　B. 酒席销售收入

C. 服务费收入　　D. 其他收入

4. 户外广告的发布成本有________等。

A. 阵地费　　B. 广告画面制作费

C. 户外广告登记费　　D. 框架制作费

5. 售价金额核算的主要内容有________。

A. 建立实物负责制　　B. 库存商品按售价记账

C. 设置“商品进销差价”账户　　D. 加强商品盘点

6. 企业采用权益法核算时，当被投资单位________时，应增加长期股权投资的账面价值。

A. 宣告分派现金股利　　B. 资本溢价

C. 收到现金股利　　D. 实现了净利润

7. 盈余公积可以用于________。

A. 弥补亏损　　B. 转增企业资本

C. 发放职工奖金　　D. 发放现金股利或利润

8. 利润分配的内容有________。

A. 提取法定盈余公积　　B. 提取任意盈余公积

C. 向投资者分配利润　　D. 上年利润的调整

四、分录题（每小题2分，其中：第21题4分，共48分）

上海晨光宾馆经营客房、餐饮、旅游和商场业务，商场部采用售价金额核算，其信用卡手续费率为1%，现发生下列经济业务：

1. 向新光公司订购床单1 000条，每条30元，共计30 000元，合同规定先预付40%定金，当即签发转账支票支付。

2. 15天后新光公司发来1 000条床单，并收到其专用发票，列明金额30 000元，税额3 900元，当即以一个月期限的商业汇票付清全部账款，床单已验收入库，其中300条已由客房部领用，采用一次摊销法摊销。

3. 客房部采取先收款后入住的结算方式，该部送来“营业收入日报表”，表中“营业收入合计”栏金额为24 600元，其中：房费21 100元，餐饮费3 500元；“预收房费”栏内本日预收金额23 900元，其中：现金17 700元，信用卡签购单6 200元，现金和信用卡签购单均已存入银行。

4. 经理室报废传真机1台，原值600元，已摊销50%，残料出售，收入现金36元。

5. 旅游部组织A912旅游团去美国12日游，陆续收取25人旅游费，每人21 000元，共计525 000元，存入银行。

6. 根据旅游合同规定，25人的A912旅游团每位应付美国旅游公司旅游费2 160美元，共计54 000美元，并在入境前先预付50%，今电汇其27 000美元，当日美元的中间汇率为6.80。

7. 年末A912旅游团在美国已旅游了5日，按提供劳务总量的比例，确认该团本年度实现的经营业务收入。

8. 餐厅部收款台转来“销货日报表”，列明应收金额17 500元，其中：菜肴和点心14 620元，饮料2 880元；“收款日报表”列明实收金额1 490元，其中：现金12 495元，信用卡签购单5 000元，现金和信用卡签购单均已解存银行，短缺款原因待查。

9. 购进中央空调机一套，专用发票上列明买价100 000元，税额13 000元，运输费500元，税额45元，款项一并以支票付讫，中央空调已交付凯达安装公司安装。

10. 中央空调安装完毕，支付凯达安装公司安装费1 600元，税额144元，中央空调已达到预定可使用状态，并验收使用。

11. 商场部向人民食品厂购进牛肉干等商品一批，进价金额 36 000 元，税额 4 680 元，款项以支票付讫。商品的售价为 50 000 元，由食品柜验收。

12. 食品柜月末盘点清查发现牛奶巧克力 120 听已近保质期，经批准每听削价为 28. 25 元，该商品每听原售价为 50 元，增值税税率为 13%，估计销售费用为 0. 50 元，成本为 30 元。

13. 年初，从泰兴公司股东中购入该公司 30%的股权，取得了对泰兴公司的共同控制权，而对价付出资产的账面价值为 2 500 000 元，其中：固定资产 1 200 000 元，已提折旧 240 000 元，其公允价值为 975 000 元，其余 1 540 000 元签发转账支票付讫。

14. 泰兴公司接受本宾馆投资后，可辨认净资产公允价值为 8 500 000 元，按本宾馆享有 30%的份额予以调整。

15. 年末，泰兴公司利润表上的净利润为 810 000 元，按照本宾馆应享有 30%的份额予以调整。

16. 分配本月发放的职工薪酬为 178 000 元，其中：业务经营人员 148 000 元，管理人员 30 000 元。

17. 按上列人员工资总额的 2%、10%、16%、0. 5%和 7%分别计提工会经费、医疗保险费、养老保险费、失业保险费和住房公积金。

18. 旅游部在接待北京旅游公司时，支付宾馆住宿费 25 000 元，餐饮费 9 800 元，风味小吃费 1 120 元，支付全程陪同费 1 080 元，款项以转账支票支付。

19. 商场部月末“库存商品——食品柜”账户余额为 191 000 元，“商品进销差价——食品柜”账户余额为 111 515 元，“主营业务收入——商品销售业务——食品柜”账户余额为 205 000 元，用差价率推算法调整主营业务成本。

20. 预计本月实现利润 50 000 元，按 25%的税率预交本月所得税。

21. 本年实现利润总额 620 000 元，发生业务招待费 21 000 元，赞助支出 9 200 元，国债利息收入 8 800 元。“递延所得税负债”账户余额为 15 750 元，“递延所得税资产”账户余额为 2 950 元，影响计税基础的有关账户余额为：坏账准备 5 200 元，固定资产减值准备 7 600 元，“无形资产”账户中有自行开发的非专利技术 105 000 元，已摊销了 52 500 元，按 25%的税率计算本年度应交所得税额。前 11 个月已计提了所得税额 134 500 元，计算本年度应交所得税额（列出算式）。

22. 按净利润 475 600 元的 10%计提法定盈利公积，75%计提应分配给投资者，其中昌平公司投资 60%，星海公司投资 40%。

23. 次年年初，清缴上年度应缴纳的所得税额。

五、计算题（10 分）

1. 制定饮食制品的销售价格。（每小题 2 分，共 4 分）

清蒸鳜鱼的成本为 78 元，其销售毛利率为 48%。成本毛利率为 80%，分别用销售毛利率法和成本毛利率法计算其销售价格。

清蒸鳜鱼售价（销售毛利率法）= ______________________

清蒸鳜鱼售价（成本毛利率法）= ______________________

2. 列明下列账户余额所对应的资产负债表项目。（每小题 0. 5 分，共 3 分）

(1)“银行存款”账户余额 (　　)

(2)“原材料”账户余额 (　　)

(3)“应收账款”明细账户贷方余额 (　　)

(4)“累计折旧”账户余额 (　　)

(5)“本年利润”贷方余额 (　　)

(6)“预付账款”明细账户贷方余额 (　　)

3. 根据下列资料计算现金流量表中各项目的金额。(3 分)

利润表“营业成本”项目为 720 000 元,“应交税费——应交增值税——进项税额”明细账户净发生额为 20 400 元;“销售费用——物料消耗”明细账户净发生额为 7 880 元;“管理费用——低值易耗品摊销”明细账户净发生额为 8 330 元;资产负债表“存货”项目的年初余额为 384 200 元,年末余额为 399 800 元,“应付票据”和“应付账款”项目的期初余额分别为 19 020 元和 99 120 元;期末余额分别为 21 100 元和 111 280 元,“存货跌价准备”账户借方、贷方发生额分别为 5 800 元和 6 500 元。

购买商品、接受劳务支付的现金 = ____________________

测试题解答

测试题一解答

题 号	一	二	三	四	五	总 分
得 分						

一、是非题（每小题 1 分，共 10 分）

1. √ 2. × 3. √ 4. × 5. × 6. × 7. × 8. √ 9. × 10. √

二、单选选择题（每小题 2 分，共 16 分）

1. D 2. C 3. B 4. C 5. A 6. D 7. D 8. B

三、多项选择题（每小题 2 分，共 16 分）

1. BD 2. ABCD 3. BC 4. ABC 5. ABD 6. AC 7. BCD 8. ACD

四、分录题［每小题 2 分，其中第（一）部分第 1、第 19 小题 4 分，共 48 分］

（一）上海凯乐宾馆。

1-1 借：应收账款——客房部 2 3410. 00
贷：主营业务收入——客房业务——房费 19 800. 00
贷：主营业务收入——客房业务——餐饮费 3 390. 00
贷：主营业务收入——客房业务——小酒柜 220. 00

1-2 借：银行存款 24 320. 00
借：财务费用 60. 00
贷：应收账款——客房部 24 380. 00

2. 借：原材料 2 700. 00
借：主营业务成本——餐饮业务 1 800. 00
借：应交税费——应交增值税——进项税额 405. 00
贷：银行存款 4 905. 00

3. 借：银行存款 1 920. 00
贷：预收账款——餐饮部 1 920. 00

4. 借：银行存款 20 097. 00
借：财务费用 203. 00
借：预收账款——餐饮部 1 920. 00
贷：主营业务收入——餐饮业务——食品销售收入 19 200. 00
贷：主营业务收入——餐饮业务——饮料销售收入 3 020. 00

5. 借：银行存款——美元户（$19 800×6. 80） 134 640. 00
贷：预收账款——芝加哥旅游公司 134 640. 00

6. 借：预收账款——芝加哥旅游公司 134 640. 00
借：应收账款——芝加哥旅游公司（$29 700×6. 80） 201 960. 00
贷：主营业务收入——组团外联收入 336 600. 00

7. 借：银行存款——美元户（$29 700×6.79） 201 663.00
借：财务费用——汇兑损失 297.00
贷：应收账款——芝加哥旅游公司 201 960.00

8. 借：固定资产 36 300.00
借：应交税费——应交增值税——进项税额 4 707.00
贷：银行存款 41 007.00

9. 借：销售费用——折旧费 290.40
贷：累计折旧 290.40

10-1 借：低值易耗品——在用低值易耗品 2 000.00
借：应交税费——应交增值税——进项税额 260.00
贷：其他货币资金——银行本票 2 260.00

10-2 借：管理费用——低值易耗品摊销 1 000.00
贷：低值易耗品——低值易耗品摊销 1 000.00

11. 借：在途物资 30 000.00
借：应交税费——应交增值税——进项税额 3 900.00
贷：应付票据 33 900.00

12. 借：库存商品 30 000.00
贷：在途物资 30 000.00

13. 借：银行存款 20 928.00
借：财务费用——手续费 72.00
贷：主营业务收入——商品销售业务 21 000.00

14. 借：交易性金融资产——成本 108 000.00
借：投资收益 32.40
贷：银行存款 108 032.40

15. 借：银行存款 113 851.80
贷：交易性金融资产——成本 108 000.00
贷：投资收益 5 851.80

16. 借：应付职工薪酬——工资 126 000.00
贷：其他应付款——住房公积金 8 820.00
贷：其他应付款——养老保险费 10 080.00
贷：其他应付款——医疗保险费 2 520.00
贷：其他应付款——失业保险费 1 260.00
贷：应交税费——应交个人所得税 60.00
贷：库存现金 103 260.00

17. 借：主营业务成本——餐饮业务 32 560.00
贷：原材料——粮食类 5 060.00
贷：原材料——干货类 27 500.00

18. 借：信用减值损失——坏账损失 2 600.00
贷：坏账准备 2 600.00

19. 本年所得税额＝[600 000＋20 000×40%－11 000＋3 200＋8 000－（120 000－36 000）]×25%＝131 050（元）

本月所得税额 = 131 050−118 000 = 13 050（元）

递延所得税负债 =（120 000−36 000）×25% = 21 000（元）

递延所得税资产 =（3 200+8 000）×25% = 2 800（元）

借：所得税费用（13 050+2 150−3 000） 12 200.00

借：递延所得税负债（21 000−24 000） 3 000.00

贷：递延所得税资产（2 800−4 950） 2 150.00

贷：应交税费——应交所得税 13 050.00

（二）黄浦广告公司。

1. 借：银行存款 10 000.00

贷：预收账款——新欣服装公司 10 000.00

2. 借：预收账款——新欣服装公司 10 000.00

借：应收账款——新欣服装公司 16 500.00

贷：主营业务收入——广告制作收入 25 000.00

贷：应交税费——应交增值税——销项税额 1 500.00

3. 借：银行存款 35 050.00

贷：主营业务收入——广告发布收入 17 500.00

贷：应交税费——应交增值税——销项税额 1 050.00

贷：应收账款——新欣服装公司 16 500.00

五、计算题（10 分）

1. 用加权平均法计算原材料耗用成本。（3 分）

$$\text{加权平均单价} = \frac{2\,400+2\,910+2\,739-48}{500+600+550-10} = 4.8787\text{（元）}$$

期末结存 = 230×4.8787 = 1 122.10（元）

本期发出原材料成本 = 2 440+2 910+2 739−48−1 122.10 = 6 918.90（元）

2. 计算利润表项目的金额。（4 分）

营业利润 = 320 000+15 000−62 000−8 600−18 000−108 100−55 000−2 760−920−1 140+1 500+6 000 = 85 980（元）

利润总额 = 85 980+1 880−2 700 = 85 160（元）

3. 计算现金流量表项目的金额。（3 分）

销售商品、提供劳务收到的现金 = 335 000+17 000+12 000+116 000−13 500−121 000+3 500 = 349 000（元）

测试题二解答

题　号	一	二	三	四	五	总　分
得　分						

一、是非题（每小题 1 分，共 10 分）

1. √　2. ×　3. ×　4. √　5. √　6. ×　7. ×　8. ×　9. √　10. ×

二、单项选择题（每小题 2 分，共 16 分）

1. B　2. C　3. A　4. C　5. D　6. D　7. C　8. C

三、多项选择题（每小题 2 分，共 16 分）

1. ACD 2. BCD 3. ACD 4. ACD 5. ABCD 6. BD 7. ABD 8. ABC

四、分录题（每小题 2 分，其中第 21 题 4 分，共 48 分）

1. 借：预付账款——新光公司 12 000. 00
   贷：银行存款 12 000. 00

2-1. 借：低值易耗品——库存低值易耗品 30 000. 00
   借：应交税费——应交增值税——进项税额 3 900. 00
   贷：预付账款 12 000. 00
   贷：银行存款 21 900. 00

2-2. 借：销售费用——低值易耗品摊销 9 000. 00
   贷：低值易耗品——库存低值易耗品 9 000. 00

3-1. 借：预收账款——客房部 24 600. 00
   贷：主营业务收入——客房业务——房金 21 100. 00
   贷：主营业务收入——客房业务——餐饮类 3 500. 00

3-2. 借：银行存款 24 538. 00
   借：财务费用 62. 00
   贷：预收账款——客房部 24 600. 00

4. 借：库存现金 36. 00
   借：管理费用——低值易耗品摊销 264. 00
   借：低值易耗品——低值易耗品摊销 300. 00
   贷：低值易耗品——在用低值易耗品 600. 00

5. 借：银行存款 525 000. 00
   贷：预收账款——旅游部 525 000. 00

6. 借：预付账款——美国旅游公司（27 000×6. 80） 183 600. 00
   贷：银行存款 183 600. 00

7. 借：预收账款——旅游部 218 750. 00
   贷：主营业务收入——旅游业务 218 750. 00

8. 借：银行存款 174 45. 00
   借：财务费用 50. 00
   借：待处理财产损溢——待处理流动资产损溢 5. 00
   贷：主营业务收入——餐饮业务——食品销售收入 14 620. 00
   贷：主营业务收入——餐饮业务——饮料销售收入 2 880. 00

9. 借：在建工程——安装中央空调 100 500. 00
   借：应交税费——应交增值税——进项税额 13 045. 00
   贷：银行存款 113 545. 00

10-1. 借：在建工程——安装中央空调 1 600. 00
   借：应交税费——应交增值税——进项税额 144. 00
   贷：银行存款 1 744. 00

10-2. 借：固定资产——生产经营用固定资产 102 100. 00
   贷：在建工程——安装中央空调 102 100. 00

11. 借：库存商品——食品柜 50 000.00
借：应交税费——应交增值税——进项税额 4 680.00
贷：银行存款 40 680.00
贷：商品进销差价——食品柜 14 000.00

12-1. 借：商品进销差价——食品柜 2 610.00
贷：库存商品——食品柜［（50-28.25）×120］ 2 610.00

12-2. 借：资产减值损失——存货跌价损失 660.00
贷：存货跌价准备 660.00

13-1. 借：固定资产清理 960 000.00
借：累计折旧 240 000.00
贷：固定资产 1 200 000.00

13-2. 借：长期股权投资 2 515 000.00
贷：固定资产清理 960 000.00
贷：银行存款 1 540 000.00
贷：资产处置损益 15 000.00

14. 借：长期股权投资——成本 35 000.00
贷：营业外收入 35 000.00

15. 借：长期股权投资——损益调整 243 000.00
贷：投资收益 243 000.00

16. 借：销售费用——职工薪酬 148 000.00
借：管理费用——职工薪酬 30 000.00
贷：应付职工薪酬——工资 178 000.00

17. 借：销售费用——职工薪酬 52 540.00
借：管理费用——职工薪酬 10 650.00
贷：应付职工薪酬——工会经费 3 560.00
贷：应付职工薪酬——社会保险费 47 170.00
贷：应付职工薪酬——住房公积金 12 460.00

18. 借：主营业务成本——北京旅游公司——综合服务成本 34 800.00
借：主营业务成本——北京旅游公司——地游及加项成本 1 120.00
借：主营业务成本——北京旅游公司——劳务成本 1080.00
贷：银行存款 37 000.00

19. 借：商品进销差价——食品柜 57 728.00
贷：主营业务成本——商品销售业务——食品柜 57 728.00

20. 借：应交税费——应交所得税 12 500.00
贷：银行存款 12 500.00

21. 本年所得税额=［620 000+21 000×40%+9 200-8 800+5 200+7 600-（105 000-52 500）］×25%=147 275（元）

本月所得税额=147 275-134 500=12 775（元）

递延所得税负债=（105 000-52 500）×25%=13 125（元）

递延所得税资产=（5 200+7 600）×25%=3 200（元）

借：所得税费用（12 775-2 625-250） 9 900.00

借：递延所得税负债（13 125－15 750） 2 625.00
借：递延所得税资产（3 200－2 950） 250.00
贷：应交税费——应交所得税 12 775.00

22. 借：利润分配——提取法定盈余公积 47 560.00
借：利润分配——应付现金股利或利润 356 700.00
贷：盈余公积 47 560.00
贷：应付股利——昌平公司 214 020.00
贷：应付股利——星海公司 142 680.00

23. 借：应交税费——应交所得税 275.00
贷：银行存款 275.00

五、计算题（10 分）

1. 制定饮食制品的销售价格（每小题 2 分，共 4 分）。

（1）销售毛利率法。

清蒸鳜鱼的销售价格 $=\frac{78}{1-48\%}=150$（元）

（2）成本毛利率法。

清蒸鳜鱼的销售价格 $=78\times(1+80\%)=140.40$（元）

2. 列明各账户余额所对应的资产负债表项目。（每小题 0.5 分，共 3 分）

（1）“银行存款”账户余额 （货币资金）
（2）“原材料”账户余额 （存　货）
（3）“应收账款”明细账户贷方余额（预收账款）
（4）“累计折旧”账户余额 （固定资产）
（5）“本年利润”账户余额 （利润分配）
（6）“预付账款”明细账户贷方余额（应付账款）

3. 计算现金流量表项目的金额。（3 分）

购买商品、接受劳务支付的现金 = 720 000+20 400+7 880+8 330+399 800－384 200+19 020+99 120－21 100－111 280+6 500
= 764 470（元）